根据最新《行政单位财务规则》、《行政单位会计制度》、《事业单位会计制度》编写而成

U0592648

最新

行政事业会计
一本通

魏艳◎编著

一本告诉财务人员

如何**贯彻新政策**，**执行新规定**，科学规范地

开展工作的案头**必备参考书**！

经济管理出版社

ECONOMY & MANAGEMENT PUBLISHING HOUSE

目　录

第一章 入门指引——事业会计四大黄金装备

游戏玩家都爱拼装备，这是因为装备代表着实力，谁的装备级别高，谁就有超强战斗力。财务人员作为一种技术型人才也要给自己配备一套黄金装备，这是增强自身实力、提升职业素养的首要条件。

第一节 装备一：了解基本知识

掌握与本行业、本单位有关的基本知识，是行政事业单位会计必须具有的第一套装备。具体包括对工作本身有正确的认识，明确相关的法律法规、国家政策以及单位的各项规章制度等，尤其是要有胜任该工作的技能和素养。

一、行政事业单位概述

做好行政事业单位会计，最核心的地方就是充分理解"行政事业单位"这几个字，这是区别于普通财务工作的主要因素。也正因此，行政事业单位财务工作才具有更多的特殊性和特定性。

比如，它的政策性，就要求一收一支都要体现国家的财政方针政策，反映各项事业活动的范围和方向。哪些该收、收多少、怎样收；哪些不该收，哪些减收，都有很强的政策性。毕竟这些工作都直接关系着某个事业计划的实现，直接关系到国家的政治、文化建设和人民群众的切身利益。

政策性仅仅是行政事业单位财务工作特殊性的一个方面，具体的会在"行政事业单位会计工作特点"中谈到。为了更好地理解行政事业单位会计工作，我们先来了解一下什么是行政事业单位。

行政事业单位是行政单位和事业单位的统称，严格意义上讲，行政单位和事业单位应该分开来理解，但由于中国特有的政治体制，两者经常不分家。

比如，有些政府部门房管局、规划局等，在有些地区是行政单位，在有些地区是事业单位，所以老百姓统称政府部门为行政事业单位，很多地方政府发文也以此为统称，如区属行政事业单位、县属行政事业单位等。

国务院在 1998 年第 252 号令、2004 年第 411 号令颁发的《行政事业单位登记管理暂行条例》中，对其概念做了明确规定：以社会公益为目的的，由国家机关或者其他组织利用国有资产举办的，从事教育、科技、文化、卫生等活动的社会服务组织。日常生活中经常看到的学校、医院、科研单位等各类事业机构都是其中之一。

那么，该如何来理解行政事业单位这个概念呢？根据经济改制前后两个阶段，我们可以分为两个层面，具体如下：

1. 行政事业单位 = 国家设置

经济体制改革前，行政事业单位是指政府创设的，提供教育、科研、文化和卫生服务的专门机构。在我国主要有三大类：行政类、公益类、生产经营类。无论哪一类，由于其管理体制基本上都是在计划经济时期建立和发展起来的，往往就是一个行政机关，具有典型的计划特征。这从行政事业单位都为公立机构，资产都属国有；单位的设立、注销以及编制等就可以看得出来。

一般来讲，这个阶段的行政事业单位有以下四个基本特征：

（1）依法成立，为公立机构；

（2）侧重公共服务，不以营利为目的；

（3）单位的设立、注销以及编制等都必须经严格审批，国家对单位的各种活动进行直接组织和管理；

（4）要有自己的名称、组织机构和场所，有与其业务活动相适应的从业人员和经费来源，能够独立承担民事责任。

2. 行政事业单位是企事业的合体

随着市场经济的开放、经济体制的改革，行政事业单位的概念也有所变化。为了缓解行政事业单位活动所需的各种经费主要来自政府拨款的压力，国家允许行政事业单位和国家机关逐步从纯粹公立机构中分解出来，也就是说，两者为特定目的可适度区分，可合二为一。

因此，所谓的行政事业单位不但可以是一个纯粹的行政机关，也可以是一个具有行政机关和公共服务双重职能的社会组织；在提供公共服务的同时，还可以是一个以营利为目的的投资公司。

从目前情况来看，这样的行政事业单位绝大部分由国家出资建立，成为行政单位的下属机构，也有一部分由民间或企业集团建立。

【案例1】

国家体育总局是国务院直属局，它和中华全国体育总会是"一个机构，两块牌子"，前一块牌子代表国家机关，后一块牌子代表依法成立的非营利社团法人。

国家体育总局，前身是1952年11月成立的中央人民政府体育运动委员会，1998年3月24日改组为国家体育总局。其职责是致力于"发展体育运动，增强人民体质"，在普及群众体育的同时，大力发展竞技体育，大大提高了我国的运动技术水平，推动了我国体育事业的蓬勃发展。

1952年6月20~24日，中华全国体育总会（All‑China Sports Federation）在北京成立。这是一个群众性体育组织，是依法成立的非营利性的社团法人。其宗旨是联系、团结运动员和体育工作者，努力发展体育事业，普及群众体育运动，提高全民族的身体素质；不断提高运动技术水平，攀登世界体育高峰。

其隶属关系仍归在了国家体育总局下，但其经营、财政却是相对独立的。

"一个机构，两块牌子"成了行政机关和行政事业单位合二为一的常见方式。值得注意的是，这并不代表两者的决裂；相反，是资源的重新组合和优化，这对行政事业单位的管理，尤其是在财务上提出更大的挑战。

【案例2】

2010年6月，中国石油与山东省合资成立中国石油山东天然气管道有限公司（以下简称中油山东）。为了实现山东天然气管网的区域化管理，公司董事会决定，中油山东与山东中油公司实行"一个机构，两块牌子"的管理模式，这种合资公司的管理模式对财务管理是个挑战。

"每月1日中午12时前，必须完成两个公司上月的结账工作，完成两个公司7个下游用户网上封闭结算工作；每月25日前，上报两个公司的资金预算；每周，向26个下游客户开具发票并催款对账；每月2日18时前，出完两个公司财务报表……"（中油山东）的财务科会计韩伟滔滔不绝地介绍着工作任务。

多年来，由于只运营沧淄线——一条仅280公里的管线，低调的中油山东一直自称是管道公司各分公司中的"小老弟"。然而，完备的财税系统使这家企地联手的合资公司具有了"麻雀虽小五脏俱全"的特质。

中油山东作为合资公司，不但要时刻关注营业收入与成本费用，单独计提筹划安全生产费用，确保安全合理投入，保障公司业务正常运转，还要独立做好企业所得税汇算清缴工作及管输费定价事宜；作为子公司，还需要向双方股东负责，积极完成董事会下达的任务。

二、新时代下行政事业单位的特征

无论如何定位行政事业单位，不同时期的法规对它的界定不尽相同，但其实质并没有变，向社会提供某方面的公共服务。为国民经济和社会各方面提供服务，包括改善社会生产条件，增进社会福利，满足广大人民群众的物质文化生活需要等的职能没有变。

相反，新时代下行政事业单位与改制前相比，在其基础上更具有活力，更符合市场发展的需求。因此，需要在行政事业单位基本特征的基础上，逐步还原行政事业单位应有的属性。同时，在宪法和现有的法律框架内，重新统一规范存在的各种公益服务组织，实行统一的法规和政策，实现政府"有所为，有所不为"和提供公益服务方式多样化的目标。

1. 服务性

服务性是行政事业单位最基本、最鲜明的特征。行政事业单位主要分布在教、科、文、卫等领域，是保障国家政治、经济、文化生活正常进行的社会服务支持系统。

2. 公益性

公益性是由行政事业单位的社会功能和市场经济体制的要求决定的。行政事业单位所追求的首先是社会效益，在市场经济条件下，市场对资源配置起基础性作用。在某些领域，某些产品或服务，如教育、卫生、基础研究、市政管理等。不能或无法由市场来提供，但为了保证社会生活的正常进行，就需要由政府组织、管理或者委托社会公共服务机构从事社会公共产品的生产，以满足社会发展和公众的需求。

3. 知识密集性

绝大多数行政事业单位是以脑力劳动为主体的知识密集性组织，专业人才是行政事业单位的主要人员构成，利用科技文化知识为社会各方面提供服务是行政事业单位的主要手段。虽然行政事业单位主要不从事物质产品的生产，但由于其在科技文化领域的地位，对社会进步起着重要的推动作用，是社会生产力的重要组成部分，在国家科技创新体系中，居于核心地位。

三、国家对行政事业单位的财政支持

行政事业单位在财政上最显著的特点就是经费来源，从总体上说，主要靠国家财政拨款，获取的比例视单位的性质以及自身的情况而定。无论是政府机构，还是公益性质的机构，国家对这些行政事业单位财务管理原则是，予以财政补助，有自主事业的单位，国家拨部分款或不拨款。

1. 国家财政拨款的三种形式

按照相关规定，国家的财政拨款主要有三种，分别如下：

（1）全额拨款。对行政事业单位进行全额预算管理，定期划拨单位所需全部经费，如人员费用、公用费用等的一种形式。有资格享受全额拨款的行政事业单位又称全供行政事业单位，一般适用于没有收入或收入不稳定的单位，如学校、科研单位、卫生防疫、工商管理等。

这种财政支持形式，有利于国家对行政事业单位的收入进行全面的管理和监督；同时，也使行政事业单位的经费得到充分的保证。

（2）差额拨款。按差额一定的比例，财政承担的那部分（一般为人员费用）由财政列入预算；单位自己承担的那部分由单位在税前列支。

这类单位都是有公共服务职能的，可以通过服务收取一定的费用，如医院，按照国家有关规定，差额拨款单位要根据经费自主程度，实行工资总额包干或其他符合自身特点的管理办法，促使其逐步减少国家财政拨款，向经费自收自支过渡。

（3）自收自支。又称自主行政事业单位，是国家不拨款的行政事业单位。自收自支行政事业单位作为行政事业单位的一种主要形式，适用于有稳定的经常性收入，可以抵补本单位的经常性支出的单位，以行政事业单位企业化管理居多，如房企管理部门、环保部门等。

【案例3】

环保系统下的几个部门都属于行政事业单位，但部门不同其收支区别很大，享受的财政拨款额度也不尽相同：

（1）环境监察支队是单纯的执法部门，它收的排污费都要上缴国家，所以是全额拨款单位。

（2）环境监测站除了完成法定的监测任务以外，可以为公众提供有偿检测服务，所以是差额拨款行政事业单位。

（3）环境科研所不承担政府的职能，它所提供的服务完全是有偿服务，就属于自收自支行政事业单位。

这种管理方式最大的弊端在于难以控制，由于不需要国家、地方财政直接拨款，因而放松对它的管理，从而导致出现了两极分化：一部分入不敷出，基本倒闭；一部分富得流油，不断膨胀。

2. *严控公款浪费，强化廉政建设*

由于财政分配的无偿性，决定行政事业单位经费使用的无偿性。行政事业单位，一般都是非生产性单位，所需经费大多不能自给，为了完成任务，实现事业计划，都需要财政无偿地拨给一定数量的经费。

值得注意的是，作为单位本身绝不能因为是无偿地拨给经费而大手大脚，铺张浪费。当前，利用公款谋私利、图享受的现象非常严重，国家正在加大力度制止。

从国家层面来看，2013年11月中共中央国务院发布《党政机关厉行节约反对浪费条例》，该条例的核心在于规范单位经费管理，分别对预算管理、支出管理、核算管理、采购管理、国内差旅、因公临时出国（境）、公务用车、公务接待、会议活动、培训活动、节庆活动、办公用房、办公设备、办公家具、办公用品、政务软件等经费支出进行了规定。

全面实行公务员卡制度，重点经费实行与财政直接支付、银行转账相结合

加强预算编制管理，按照综合预算要求，将各项收入和支出全部纳入部门预算

先预算后支出，对预算全过程进行动态监控，完善预算执行管理办法

严格开支范围和标准，严格支出报销审核，不得超标或报销无关的费用

党政机关采购货物、办公用品和服务等必须遵循公开、透明、公平、诚信的原则

健全会计制度，准确核算运行经费，全面反映行政成本

严格控制差旅费，包括国内/出国经费、公务接待费、会议费、培训费等

控制办公用房建设，包括违规、擅自开工、超标准、超投资建设，要求终止并予以没收

图1-1 党政机关厉行节约反对浪费要求

在贯彻执行中央的"八项规定，反对浪费"中，黑龙江省委是非常具有代表性的例子。

【案例4】

黑龙江省办公厅和省政府办公厅日前曾对公务接待的有关要求做出了明确指示。要求，省级领导班子和省直单位在公务接待中一律不允许饮酒，并制定了最严厉的"禁酒"政策。

"禁酒令"要求，省级班子领导和省直单位干部职工到省内市（地）及以下基层单位从事公务活动，就餐中一律不允许饮酒。省级四大班子及省法院、省检察院，省直各单位，人民团体和参照公务员管理的行政事业单位及其接待部门都要严格执行此规定。

涉及外事接待、招商引资、接待海外华侨华人中的知名人士、港澳台政要及各界知名人士的公务接待活动，可按标准提供省内地产酒，严禁提供高档酒。

廉政建设也是内部控制的主要内容，随着廉政建设逐步提上日程，已经上升到了国家的高度。在十八届中央纪委二次全会上，习近平总书记就指出："要加强对权力运行的制约和监督，把权力关进制度的笼子里，形成不敢腐的惩戒机制、不能腐的防范机制、不易腐的保障机制。"

李克强总理在国务院廉洁工作会议上也多次指出："加强制度建设，用制度管权、管钱、管人，给权力涂上防腐剂、戴上紧箍咒。真正形成不能贪、不敢贪的反腐机制。"

为贯彻落实中央八项规定精神，中共中央政治局于2012年12月4日召开会议，审议通过中央政治局关于改进工作作风、密切联系群众的八项规定，并以中发〔2012〕11号文对外发布。2012年12月12日印发《贯彻落实〈十八届中央政治局关于改进工作作风、密切联系群众的八项规定〉实施细则》（中办发〔2012〕30号），要求各地区、各部门严格执行。

"中央八项规定"客观上要求行政事业单位通过建章立制，以规范调研、会议、出访以及住房等管理过程，实现单位经费管理的规范化和制度化。

这也是行政事业单位强化内部的一个主要原因，这就要求财会人员要从根源上把好关，必须本着节约的原则，提高经费使用效益。

四、什么是行政事业单位会计

行政事业单位会计，分为行政单位会计与事业单位会计两大体系，是以单位实际发生的各项经济业务为对象，记录、反映和监督单位预算执行及各项业务活动的会计专业，是预算会计的组成部分。

值得注意的是，行政单位会计与事业单位会计虽然是两个不同的体系但都属于预算会计的组成部分，它们以社会效益和经济效益为目的，具有进行预测、控制、核算、分析、监督和参与决策的职能。会计要素分类和主要账务处理方法相同，会计报表种类及主要项目也相同。

不同的是分类类别的差异。按行业性质的不同，行政单位可分为科学、教育、文化、卫生、体育事业以及农、林、水利勘探等。

账务处理要按会计要素分类设置会计科目，采用收付实现制和权责发生制，运用借贷记账法，实行历史成本模式，编报资产负债表、收入支出表、附表及会计报表附注和收支情况说明书等。

行政事业单位会计核算的内容着眼于行政事业单位的经济活动，主要是取得业务活动所需经费，从事业务活动时使用经费，对比收支确定经费使用效果（收支结余）。

行政事业单位会计的特征如下：

（1）行政事业单位会计核算目标是向会计信息使用者提供与行政事业单位财务状况、事业成果、预算执行等有关的会计信息。

（2）会计核算一般采用收付实现制，但部分经济业务或者事项的核算采用权责发生制。

（3）行政事业单位会计要素分为资产、负债、净资产、收入和支出五大类。

（4）行政事业单位的各项财产、物资应当按照取得或购建时的实际成本进行计量，除国家另有规定外，行政事业单位不得自行调整其账面价值。

五、行政事业会计的基本内容

提高行政事业单位负责人对会计基础工作的重视程度以及会计人员素质，坚持原则、廉洁奉公，建立健全内部会计制度、加强监督，是促进行政事业单位财务管理规范化、科学化的重要环节。

任何会计种类，其工作的核心都是由五个要素组成的，即资产、负债、净资产、收入、支出五个会计要素。

1. 资产

行政事业单位的资产是指占有或使用的能以货币计量的经济资源，包括各种财产、债权和其他权利。行政事业单位的资产包括货币资金、短期投资、应收及预付款项、存货、长期投资、在建工程、固定资产、无形资产等。

行政事业单位的资产应当按照取得时的实际成本进行计量。除国家另有规定外，行政事业单位不得自行调整其账面价值。应收及预付款项应当按照实际发生额计量。以支付对价方式取得的资产，应当按照取得资产时支付的现金或者现金等价物的金额，或者按照取得资产时所付出的非货币性资产的评估价值等金额计量。

取得资产时没有支付对价的，如接受捐赠、无偿调入的资产，其计量金额应当按照有关凭据注明的金额加上相关税费、运输费等确定；没有相关凭据的，其成本比照同类或类似资产的市场价格加上相关税费、运输费等确定；没有相关凭据、同类或类似资产的市场价格也无法可靠取得的，所取得的资产按照名义金额（人民币1元）入账。

2. 负债

行政事业单位的负债是指所承担的能以货币计量，需要以资产或者劳务偿还的债务。行政事业单位的负债包括短期借款、应付及预收款项、应付职工薪酬、应缴税费、应缴国库款、应缴财政专户款、长期借款、长期应付款等。

行政事业单位的负债应当按照合同金额或实际发生额进行计量。

3. 净资产

行政事业单位的净资产是指资产扣除负债后的余额。行政事业单位的净资产包括事业基金、非流动资产基金、专用基金、财政补助结转、财政补助结余、非财政补助结转、事业结余、经营结余、非财政补助结余分配。

财政补助结转结余是指行政事业单位各项财政补助收入与其相关支出相抵后剩余滚存的、须按规定管理和使用的结转和结余资金。非财政补助结转是指行政事业单位财政补助收支以外的各专项资金收入与其相关支出相抵后剩余滚存的、须按规定用途使用的结转资金；事业结余和经营结余是指行政事业单位除财政补助收支以外的各非专项资金收入与各非专项资金支出相抵后的余额。

4. 收入

行政事业单位的收入是指行政事业单位开展业务及其他活动依法取得的非偿还性资金。行政事业单位收入包括财政补助收入、事业收入、上级补助收入、附属单位上缴收入、经营收入和其他收入等。

行政事业单位的收入一般应当在收到款项时予以确认，并按照实际收到的金额进行计量。采用权责发生制确认的收入，应当在提供服务或者发出存货，同时收讫价款或者取得索取价款的凭据时予以确认，并按照实际收到的金额或者有关凭据注明的金额进行计量。

5. 支出

行政事业单位的支出是指行政事业单位每开展一项业务及其他活动发生的资金耗费和损失。行政事业单位的支出包括事业支出、对附属单位补助支出、上缴上级支出、经营支出和其他支出等。

行政事业单位的支出一般应当在实际支付时予以确认，并按照实际支付金额进行计量。采用权责发生制确认的支出，应当在其发生时予以确认，并按照实际发生额进行计量。行政事业单位的经营支出应当与经营收入相配比。

第二节　装备二：具备从业条件

会计是一项政策性、专业性很强的技术性工作，会计人员的专业知识水平、业务能力和思想道德水平的高低直接决定着会计工作的质量。因此，从事会计工作的人员必须具备一定的条件，如持证上岗、热爱自己的行业，严谨的工作态度等。

一、持证上岗

取得会计证是从事会计行业的基本条件，也是衡量一个会计人员是否合格的首要标准。

为进一步整顿和规范会计工作秩序，治理无证上岗、打击会计证造假。根据 2000 年 7 月 1 日施行的《会计法》的规定：从事会计工作的人员必须取得会计从业资格证书。担任单位会计机构负责人（会计主管人员）的，除取得会计从业资格证书外，还应当具备会计师以上专业技术职务资格，或者三年以上的工作经历。

1. 会计从业资格

国家从法律层面规定了会计人员的从业资格，即必须取得会计资格证。重点提一下，无论是企业会计，还是行政事业会计，首先都隶属会计范畴，从就业条件和资格这个角度来看两者很多地方都是相通的。因此，有必要先了解一下普通意义上的会计人员如何取得上岗证。

会计资格证书采取统一考试制，考试时间（每年 4 月）和考试大纲、考试合格标准由财政部统一制定和公布。按照财政部 73 号令的规定，考试科目包括3科：财经法规与会计职业道德、会计基础、会计电算化（或者珠算）。取得会计从业资格证，要求3科必须同时考过方可有效。

自2013年7月1日起，全国实行无纸化考试。

2. 申报条件

凡符合《会计法》、《会计从业资格管理办法》等有关法律、法规规定，申请取得会计从业资格的人员，均可报名考试：

（1）坚持原则，具备良好的道德品质。

（2）遵守国家法律、法规。

（3）具备一定的会计专业知识和技能。

（4）热爱会计工作，秉公办事。

（5）应届毕业生可免试《会计基础》、《会计电算化》科目。

3. 职称考试

目前，我国国内的会计证考试分为三个阶段，上面提到的会计从业资格证书考试是第一个阶段；第二个阶段是会计职称证书考试，会计职称分为初级、中级和高级；第三个阶段也是最高级别的，即注册会计师资格证书考试（执业资格考试）。

（1）会计从业资格考试。分为初级资格考试（初级会计职称）、中级资格考试（中级会计职称）和高级资格考试（高级会计职称）。

1）初级会计职称。取得会计从业资格证书，并从事会计职业2年的人，可申请初级资格考试。初级资格考试科目包括：经济法基础、初级会计实务。考生必须一次性通过2个科目，才可以取得助理会计师证书。

2）中级会计职称。中级资格考试科目包括财务管理、经济法、中级会计实务（一）、中级会计实务（二），考生须在连续的两个考试年度内全部通过，方可取得证书。

3）高级会计职称。我国对已取得中级职称的会计人员，采用评审制来认证其高级会计师职称。高级资格考试科目：高级会计实务。

（2）注册会计师考试（CPA）。凡有高等专科以上学历或者已取得会计或者相关专业（指审计、统计、经济）中级以上专业技术职称的中国公民都有资格报考。自2009年起注册会计师考试科目变为"6＋1"模式，即会计、审计、财务成本管理、经济法、税法、公司战略与风险管理（新增科目）。

考试分三个层级：第一层级，专业阶段考试设6科，即在延续现行考试的5科基础上，增设1科；第二层级，综合阶段考试设1科，考试科目为综合测试；第三层级，英语考试。

4. 申领流程

通常来讲，参考人员在得知考试合格之后，可凭成绩单和其他相关证件到当地所属财政部门申领资格证书。其具体流程如图 1 - 2 所示。

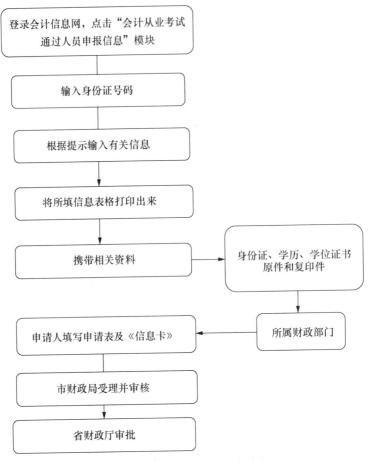

图 1 - 2 申领会计资格证书流程

5. 证书年检

我国对《会计从业资格证》实行定期年检制度，每两年进行一次，时间为年检年度的 12 月。证书颁发日期为 6 月以前（包含 6 月），参加当年年检；6 月以后，不必参加当年年检。

通常来讲，审核和检查的内容包括。

（1）《会计从业资格证》注册登记情况。

（2）继续教育内容和学时完成情况。

（3）工作单位、学历、会计专业技术资格变更情况。

（4）持证人员遵守财经法规、会计职业道德、依法履行会计职责情况。

（5）财政部门的其他规定。

由于会计从业资格管理实行属地管理的原则，因此，年检的地点在县及县级以上财政部门（下同）。年检时间内，持证人员在规定的按"证书号码"尾号相应月份到各区县财政局、市财政局会计人员服务中心即可办理。

领取会计资格证时需要出具相应的证件，包括会计人员继续教育手册、会计电算化合格证。会计人员继续教育培训登记情况、会计电算化合格登记情况，否则不予年检会计证。尤其是下列三个证件必不可少：①原件会计从业资格证书；②本人身份证原件；③学历证书（原件）。

对于某些情况的持证人员可以免检，如住院达半年以上的病人；休产假产妇以及出国进修、应征入伍，或者其他特殊情况无法到达的人员。需要注意的是最多免检1次。

二、职业道德

道德，贯穿于会计工作的所有领域和整个过程，体现了社会要求与个性发展的统一，着眼于人际关系的调整，以是否合乎情理、善与信为评价标准，并以社会评价（荣誉）和个人评价（良心）为主要制约手段，是一种通过将外在的要求转化为内在的，即精神上的动力来起作用的非强制性规范。

1. 职业道德的内容

会计职业道德，指在会计职业活动中应当遵循的、体现会计职业特征的、调整会计职业关系的各种经济关系的职业行为准则和规范。为一种意识形态范畴，一般社会公德在会计工作中的具体体现，引导、制约会计行为，调整会计人员与社会、会计人员与不同利益集团以及会计人员之间关系的社会规范（见表1-1）。

表1-1　会计职业道德内容

会计职业理想	会计人员的择业目标，或维持生计，或发展个性，或承担社会义务，或兼而有之。它是会计职业道德的灵魂
会计工作态度	会计工作的职业特征要求会计人员在从事会计活动时，既认真负责，精益求精，又积极主动，富有创造性。这是会计人员履行职责义务的基础

续表

会计职业责任	会计人员担任某项职务或从事某项工作后就应承担（或被赋予）的相应义务。职责与职权相互关联。会计职责是会计职业道德规范的核心，也是评价会计行为的主要标准
会计职业技能	包括完成会计工作所必要的知识以及所需要的工作能力与经验。它是会计人员圆满完成会计工作的技术条件
会计工作纪律	保密性、廉正性（正直、诚实、廉洁）与超然性既是维护和贯彻会计职业道德的保证，也是评价会计行为的一种标准
会计工作作风	会计人员在长期工作实践中形成的习惯力量，是职业道德在会计工作中连续贯彻的体现。在工作中严谨仔细，一丝不苟，勤俭理财，严格按会计规范办事，自觉抵制外界因素的侵袭等，均是良好的会计工作作风

2. 道德问题的集中体现

就财务人员而言，道德问题主要体现在两方面：一是因疏忽或有意隐瞒，未能真实地反映企业的经营状况，甚或有贪污或其他类似行为；二是与管理当局相配合，以虚假的财务报表共同欺骗企业外部的信息使用者。

尤其是第一类行为更具有隐蔽性、随意性和突发性，危害性更大。很多人就是心头一热，心血来潮犯下的大错。这样的事件比比皆是。

【案例5】

44岁李某是新疆昌吉州某事业单位的一名会计，她在一次购物时无意发现，某商家能为没有买过东西的单位开票。作为一名在财会行业摸爬滚打20多年的老人，敏锐地意识到背后隐藏的巨大利益。

得到这一"启示"后，李某就常思量如何利用职务之便做点类似的事情。自己毕竟是单位的会计，掌握着财务公章，假如真这么做也不是没有可能。此后，李某开始模仿单位负责人及同事的签名。时机一成熟，就开始为自己开具各类发票，并模仿单位领导和经办人的笔迹签字，盖上公章入了单位账目后，顺利地领到了现金。

6000元、8000元、10000元……住宿票、餐票、材料和办公用品……不同数额，各种名义开具假发票，3个多月过去了丝毫没有被人察觉。直至半年后，已经报销了20余万元假发票，最多的一次报销4万余元。

后来，该单位负责人查阅账目，发现了两笔数额较大的费用，一查竟然有自己和经办人的签字，于是立即封存账目，开始调查此事，并向警方报了案。

发现事情败露后，当日李某就承认了过错行为，其贪污的公款也被全部追回。经警方调查，认定了李某的贪污事实，随即李某被依法逮捕。最后考虑到李某认罪态度好，主动归还了贪污所得，以贪污罪判处李某有期徒刑 10 年，并没收财产 1 万元。

面对上述事业单位存在的会计职业道德失范行为，作为财务人员必须从自我做起，加以控制、规范。如果任其蔓延，不但严重损坏了会计职业形象，而且必将导致单位经济秩序遭到严重破坏甚至造成整个社会生活的混乱。因此，在事业单位加强会计职业道德建设势在必行、刻不容缓。

提高会计人员的思想政治素质和职业道德水平，主要途径是加强会计职业道德学习，增强自己的职业道德意识。应从以下三个方面着手：

（1）行政事业单位的会计人员应具有基本的政策知识和政治的敏感性。要在日常工作中严格遵守国家方针、政策和财务法规，善于运用政策法规分析、处理问题，做到眼界开阔、思维敏捷，真正把党的政策、法规落到实处。

（2）会计人员作为一个掌管单位财务具体工作者，要时刻把国家利益放在第一位，无论何时何地，大钱小钱一样严肃对待，严格约束自己，做到身正、心正、坦荡无私。

（3）会计人员的专业技能需要提高，建立终身学习的思想，采取请进来教、送出去学，短期培训和中期培训相结合的学习方式，能自觉地运用学到的理论性、系统性的知识去解决工作中的主要问题和重要问题。

第三节 装备三：了解相关的法规政策

《事业单位财务管理规则》、《事业单位内部控制规范》是行政事业单位设立财务部门，从事财务活动的主要指导方针和行为规范，也是行政事业单位财会人员需要掌握和遵守的法律、法规。

一、行政事业单位的财务管理规则

《事业单位财务管理规则》是根据国家相关法律、法规和政策，对行政事业单位在资金的方面，如筹集、分配、使用等业务进行计划、组织、执行和控制等工作,而制定的基本行为准则或规范。为了便于阅读,以下统一称为《规则》。

《规则》是国家财政制度中不可缺少的一部分,是行政事业单位为了进一步规范财务行为,强化财务管理和监督,提高资金使用效率而制定的又一主要法则。

作为行政事业单位的财务人员,无论是行业中摸爬滚打的老手,还是新入行的菜鸟,首先必须明确什么是《规则》,了解《规则》的目的和内容,领会《规则》的精髓,创造性地将其运用到自己的工作实践中。

为了更好地理解这个《规则》,我们可将其概念划分成三层含义:第一,国家财政制度的重要组成部分;第二,具有法律性质;第三,涵盖行政事业单位所有的财务活动。我们可将这三层含义总结为三个特性,即制度性、法律性和针对性(见图1-3)。

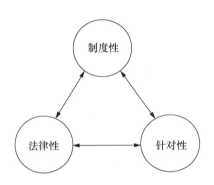

图1-3 行政事业单位财务管理规则三特性

1. 《规则》的基本框架

《规则》有修订前1997年和修订后2012年两个版本,现在我们看到的基本上都是新版本,共分12章68条。按照依法理财、科学理财和民主理财的要求,财政部门大力推进科学化、精细化管理。新形式对行政事业单位财务管理提出了新的要求,财务监督也有待于进一步加强。因此,为了进一步适应支持各项社会事业加快发展的新形势以及财政改革和发展的新要求,适时修订《规则》。

根据《国务院关于〈事业单位财务规则〉的批复》(国函〔1996-81〕号)的规定,财政部对《行政事业单位财务规则》(财政部令第8号)进行了修订,并于2012年4月1日起施行。新版本在维持旧版本的基础上新增加了 21 条和"财务监督"一章，结构基本没变。为了便于记忆，我们现列出了新旧两个版本的对比（见表 1 - 2）。

表 1 - 2 新旧《事业单位财务规则》对比

章	旧版	新版
第一章	总则（1 ~ 5 条）	总则（1 ~ 5 条）
第二章	单位预算管理（6 ~ 10 条）	单位预算管理（6 ~ 13 条）
第三章	单位收入管理（11 ~ 13 条）	单位收入管理（10 ~ 17 条）
第四章	单位支出管理（14 ~ 19 条）	单位支出管理（18 ~ 27 条）
第五章	单位结余及分配（20 ~ 21 条）	单位结余及分配（28 ~ 31 条）
第六章	专用基金管理（22 ~ 24 条）	专用基金管理（34 ~ 34 条）
第七章	资产管理（25 ~ 32 条）	资产管理（35 ~ 46 条）
第八章	负债管理（33 ~ 35 条）	负债管理（47 ~ 50 条）
第九章	行政事业单位清算（36 ~ 38 条）	行政事业单位清算（51 ~ 53 条）
第十章	财务报告与财务清算（39 ~ 42 条）	财务报告与财务清算（54 ~ 57 条）
第十一章	附则（42 ~ 47 条）	财务监督（58 ~ 60 条）
第十二章		附则（61 ~ 68 条）

具体表现为：

（1）总则部分：更加明确《规则》的适用范围。如为适应行政事业单位分类改革的需要，附则中明确规定了将新增公务员法管理的行政事业单位、公益性服务性组织、社会团体。

接下来看一看新旧规则变化表现（斜体为修改新版本部分）：

> 第一条 为了规范行政事业单位的财务行为，加强行政事业单位财务管理，提高资金使用效益，保障行政事业单位健康发展，制定本规则。（旧版）
>
> 第一条 为了*进一步*规范行政事业单位的财务行为，加强行政事业单位财务管理*和监督*，提高资金使用效益，保障行政事业单位健康发展，制定本规则。（新版）

第二条　本规则适用于各级各类国有行政事业单位（以下简称行政事业单位）的财务活动。（旧版）

第二条　本规则适用于各级各类行政事业单位（以下简称行政事业单位）的财务活动。（新版）

第四条　行政事业单位财务管理的主要任务是：合理编制单位预算，如实反映单位财务状况；依法组织收入，努力节约支出；建立健全财务制度，加强经济核算，提高资金使用效益；加强国有资产管理，防止国有资产流失；对单位经济活动进行财务控制和监督。（旧版）

第四条　行政事业单位财务管理的主要任务是：合理编制单位预算，严格预算执行，完整、准确编制单位决算，真实反映单位财务状况；依法组织收入，努力节约支出；建立健全财务制度，加强经济核算，实施绩效评价，提高资金使用效益；加强资产管理，合理配置和有效利用资产，防止资产流失；加强对单位经济活动的财务控制和监督，防范财务风险。（新版）

（2）预算管理部分。进一步完善了行政事业单位的预算管理办法，加强预算编制和执行问题，以及与决算管理有关的要求。

第六条　行政事业单位预算是指行政事业单位根据事业发展计划和任务编制的年度财务收支计划。（旧版）

第六条　行政事业单位预算是指行政事业单位根据事业发展目标和计划编制的年度财务收支计划。（新版）

第七条　国家对行政事业单位实行核定收支、定额或者定项补助、超支不补、结余留用的预算管理办法。定额或者定项补助标准根据事业特点、事业发展计划、行政事业单位收支状况以及国家财政政策和财力可能确定。定额或者定项补助可以为零。（旧版）

第七条　国家对行政事业单位实行核定收支、定额或者定项补助、超支不补、结转和结余按规定使用的预算管理办法。定额或者定项补助根据国家有关政策和财力可能，结合事业特点、事业发展目标和计划、行政事业单位收支及资产状况等确定。定额或者定项补助可以为零。（新版）

> 第十一条　行政事业单位决算是指行政事业单位根据预算执行结果编制的年度报告。
>
> 第十二条　行政事业单位应当按照规定编制年度决算，由主管部门审核汇总后报财政部门审批。
>
> 第十三条　行政事业单位应当加强决算审核和分析，保证决算数据的真实、准确，规范决算管理工作。（新增）

（3）收入管理部分。修改"财政补助收入"的定义，进一步明确事业收入的范围，增加收入管理的有关要求。

> 第十二条　行政事业单位收入包括：
>
> （一）财政补助收入，即行政事业单位从财政部门取得的各类事业经费。
>
> （三）事业收入，即行政事业单位开展专业业务活动及其辅助活动取得的收入，其中：按照国家有关规定应当上缴财政的资金和应当缴入财政专户的预算外资金，不计入事业收入；从财政专户核拨的预算外资金和部分经核准不上缴财政专户管理的预算外资金，计入事业收入。（旧版）
>
> 第十五条　行政事业单位收入包括：
>
> （一）财政补助收入，即行政事业单位从同级财政部门取得的各类财政拨款。
>
> （二）事业收入，即行政事业单位开展专业业务活动及其辅助活动取得的收入。其中：按照国家有关规定应当上缴国库或者财政专户的资金，不计入事业收入；从财政专户核拨给行政事业单位的资金和经核准不上缴国库或者财政专户的资金，计入事业收入。（新版）

> 第十七条　行政事业单位对按照规定上缴国库或者财政专户的资金，应当按照国库集中收缴的有关规定及时足额上缴，不得隐瞒、滞留、截留、挪用和坐支。（新增）

（4）支出管理部分。修改支出的分类和"事业支出"的定义，并根据财政改革的有关要求，强化支出管理要求。

第十五条　行政事业单位支出包括：

（一）事业支出，即行政事业单位开展专业业务活动及其辅助活动发生的支出，包括工资、补助工资、职工福利费、社会保障费、助学金、公务费、业务费、设备购置费、修缮费和其他费用。（旧版）

第十九条　行政事业单位支出包括：

（一）事业支出，即行政事业单位开展专业业务活动及其辅助活动发生的基本支出和项目支出。基本支出是指行政事业单位为了保障其正常运转、完成日常工作任务而发生的人员支出和公用支出。项目支出是指行政事业单位为了完成特定工作任务和事业发展目标，在基本支出之外所发生的支出。（新版）

（五）其他支出，即本条上述规定范围以外的各项支出，包括利息支出、捐赠支出等。（新增）

第二十条　行政事业单位应当将各项支出全部纳入单位预算，建立健全支出管理制度。（新增）

第十八条　行政事业单位可以根据开展业务活动及其他活动的实际需要，实行内部成本核算办法。（旧版）

第二十四条　行政事业单位应当加强经济核算，可以根据开展业务活动及其他活动的实际需要，实行内部成本核算办法。（新版）

第二十五条　行政事业单位应当严格执行国库集中支付制度和政府采购制度等有关规定。（旧版）

第二十六条　行政事业单位应当加强支出的绩效管理，提高资金使用的有效性。（新版）

第十九条　行政事业单位的支出应当严格执行国家有关财务规章制度规定的开支范围及开支标准；国家有关财务规章制度没有统一。（旧版）

第二十七条　行政事业单位支出应当依法加强各类票据管理，确保票据来源合法、内容真实、使用正确，不得使用虚假票据。（新版）

(5) 结转和结余资金管理部分。明确界定了"结转"和"结余"的概念，并在此基础上，将结转和结余划分为财政拨款结转和结余资金、非财政拨款结转和结余资金两部分。

> 第二十条 结余是指行政事业单位年度收入与支出相抵后的余额。经营收支结余应当单独反映。（旧版）
>
> 第二十八条 结转和结余是指行政事业单位年度收入与支出相抵后的余额。结转资金是指当年预算已执行但未完成，或者因故未执行，下一年度需要按照原用途继续使用的资金。结余资金是指当年预算工作目标已完成，或者因故终止，当年剩余的资金。经营收支结转和结余应当单独反映。（新版）

> 第二十九条 财政拨款结转和结余的管理，应当按照同级财政部门的规定执行。（新增）
>
> 第二十一条 行政事业单位的结余（不含实行预算外资金结余上缴办法的预算外资金结余），除专项资金按照国家规定结转下一年度继续使用外，可以按照国家有关规定提取职工福利基金，剩余部分作为事业基金用于弥补以后年度单位收支差额；国家另有规定的，从其规定。（旧版）
>
> 第三十条 非财政拨款结转按照规定结转下一年度继续使用。非财政拨款结余可以按照国家有关规定提取职工福利基金，剩余部分作为事业基金用于弥补以后年度单位收支差额；国家另有规定的，从其规定。（新版）
>
> 第三十一条 行政事业单位应当加强事业基金的管理，遵循收支平衡的原则，统筹安排、合理使用，支出不得超出基金规模。

(6) 专用基金管理部分：新增加了专业基金管理原则和事业收入、经营收入较少的行政事业单位的规定。

> 第二十二条 专用基金是指行政事业单位按照规定提取或者设置的有专门用途的资金。（旧版）
>
> 第三十二条 专用基金是指行政事业单位按照规定提取或者设置的有专门用途的资金。专用基金管理应当遵循先提后用、收支平衡、专款专用的原则，支出不得超出基金规模。（新版）

第二十三条　专用基金包括：（一）修购基金，即按照事业收入和经营收入的一定比例提取，在修缮费和设备购置费中列支（各列50%），以及按照其他规定转入，用于行政事业单位固定资产维修和购置的资金。（旧版）

第三十三条　专用基金包括：（一）修购基金，即按照事业收入和经营收入的一定比例提取，并按照规定在相应的购置和修缮科目中列支（各列50%），以及按照其他规定转入，用于行政事业单位固定资产维修和购置的资金。事业收入和经营收入较少的行政事业单位可以不提取修购基金，实行固定资产折旧的行政事业单位不提取修购基金。（新版）

（7）资产管理部分。进一步完善资产的分类和定义，规范资产的配置、使用、处置以及对外投资管理，建立资产的共享共用制度。

第三十七条　行政事业单位应当建立健全单位资产管理制度，加强和规范资产配置、使用和处置管理，维护资产安全完整，保障事业健康发展。

第三十八条　行政事业单位应当按照科学规范、从严控制、保障事业发展需要的原则合理配置资产。（新增）

第二十七条　流动资产是指可以在一年以内变现或者耗用的资产，包括现金、各种存款、应收款项、预付款项和存货等。（旧版）

第三十九条　流动资产是指可以在一年以内变现或者耗用的资产，包括现金、各种存款、零余额账户用款额度、应收及预付款项、存货等。（新版）

第二十八条　固定资产是指一般设备单位价值在500元以上、专用设备单位价值在800元以上，使用期限在一年以上，并在使用过程中基本保持原有物质形态的资产。单位价值虽未达到规定标准，但是耐用时间在一年以上的大批同类物资，作为固定资产管理。

固定资产一般分为六类：房屋和建筑物；专用设备；一般设备；文物和陈列品；图书；其他固定资产。主管部门可以根据本系统具体情况制定各类固定资产明细目录。（旧版）

第四十条　固定资产是指使用期限超过一年，单位价值在1000元以上（其中：专用设备单位价值在1500元以上），并在使用过程中基本保持原有物质形态的资产。单位价值虽未达到规定标准，但是耐用时间在一年以上的大批同类物资，作为固定资产管理。

固定资产一般分为六类：房屋及构筑物；专用设备；通用设备；文物和陈列品；图书、档案；家具、用具、装具及动植物。行业行政事业单位的固定资产明细目录由国务院主管部门制定，报国务院财政部门备案。（新版）

第四十二条　在建工程是指已经发生必要支出，但尚未达到交付使用状态的建设工程。在建工程达到交付使用状态时，应当按照规定办理工程竣工财务决算和资产交付使用。

第四十五条　行政事业单位资产处置应当遵循公开、公平、公正和竞争、择优的原则，严格履行相关审批程序。行政事业单位出租、出借资产，应当按照国家有关规定经主管部门审核同意后报同级财政部门审批。

第四十六条　行政事业单位应当提高资产使用效率，按照国家有关规定实行资产共享、共用。（新增）

（8）负债管理部分。明确行政事业单位建立健全财务风险控制机制，规范和加强借入款项管理，防范财务风险。

第五十条　行政事业单位应当建立健全财务风险控制机制，规范和加强借入款项管理，严格执行审批程序，不得违反规定举借债务和提供担保。（新增）

（9）清算管理部分。进一步修订和完善财务管理的主要任务、财务分析指标等内容。

第三十六条　行政事业单位发生划转撤并时，应当进行清算。（旧版）
第五十一条　行政事业单位发生划转、撤销、合并、分立时，应当进行清算。（新版）

第三十八条（二）转为企业管理的行政事业单位，全部资产扣除负债后，转作国家资本金。（旧版）

第五十三条（二）转为企业管理的行政事业单位，全部资产扣除负债后，转作国家资本金。需要进行资产评估的，按照国家有关规定执行。（新版）

（五）分立的行政事业单位，资产按照有关规定移交分立后的行政事业单位，并相应划转经费指标。（新增）

第四十一条　财务情况说明书，主要说明行政事业单位收入及其支出、结余及其分配、资产负债变动的情况，对本期或者下期财务状况发生重大影响的事项，以及需要说明的其他事项。（旧版）

第五十六条　财务情况说明书，主要说明行政事业单位收入及其支出、结转、结余及其分配、资产负债变动、对外投资、资产出租出借、资产处置、固定资产投资、绩效考评的情况，对本期或者下期财务状况发生重大影响的事项，以及需要说明的其他事项。（新版）

第四十二条　财务分析的内容包括预算执行、资产使用、支出状况等。财务分析的指标包括经费自给率、人员支出与公用支出分别占事业支出的比率、资产负债率等。行政事业单位可以根据本单位的业务特点增加财务分析指标。（旧版）

第五十七条　财务分析的内容包括预算编制与执行、资产使用、收入支出状况等。财务分析的指标包括预算收入和支出完成率、人员支出与公用支出分别占事业支出的比率、人均基本支出、资产负债率等。主管部门和行政事业单位可以根据本单位的业务特点增加财务分析指标。（新版）

（10）新增财务监督制度。具体规定财务监督的主要内容、监督机制和内外部监督制度。

第五十八条 行政事业单位财务监督主要包括对预算管理、收入管理、支出管理、结转和结余管理、专用基金管理、资产管理、负债管理等的监督。

第五十九条 行政事业单位财务监督应当实行事前监督、事中监督、事后监督相结合，日常监督与专项监督相结合。

第六十条 行政事业单位应当建立健全内部控制制度、经济责任制度、财务信息披露制度等监督制度，依法公开财务信息。

第六十一条 行政事业单位应当依法接受主管部门和财政、审计部门的监督。（新增）

2. 新版《行政事业单位财务规则》的五大亮点

（1）与时俱进，与市场接轨。随着经济的发展和物价的普遍提高，旧《规则》对固定资产价值的规定标准明显偏低，使得一些具有明显的低值易耗品特征的物品，由于单位价值达到了规定金额的要求而无法作为固定资产核算，从而影响了会计信息质量。为使固定资产价值的确认标准更加符合当前市场经济的要求，新《规则》中重新规范了固定资产的概念。

旧《规则》中对固定资产的确认为，一般设备单位价值在500元以上、专用设备单位价值在800元以上。而新《规则》将其提高到单位价值在1000元以上（其中专用设备单位价值在1500元）。

同时，新《规则》重新确定了"固定资产"与"固定基金"的关系。旧《规则》是以固定资产账面原值核算固定基金的，虚增了成本，虚减了结余，从而使资产无法真正反映资产的实际价值。

如进行购建固定资产会计核算时，一般为：

借："事业支出——××购置费"或"专用基金——修购基金"或"专项支出"等科目。

贷："银行存款"或"零余额账户用款额度"或"应付账款"等科目。

借记"固定资产"、贷记"固定基金"，显然虚增了成本和虚减了结余。

这一漏洞在新《规则》中得以规避，规定"事业收入和经营收入较少的行政事业单位可以不提取修购基金，实行固定资产折旧的行政事业单位不提取修购基金"。与旧《规则》相比，相关部门在"固定资产及折旧确认与计量"问题上，开始引用会计固定资产计提折旧的基本做法。也使固定资产价值管理与实物管理不再背离，更加符合市场化。

（2）引入权责发生制原则。《规则》明确规定，部分行业出于成本核算和绩效管理的需要，可以在内部财务管理制度中引入权责发生制。

在旧《规则》中，"权责"没有完全放开，有营利性业务和非营利性业务之分。规定"行政事业单位在其经营业务的会计核算中采用权责发生制，对非营利性业务采取收付实现制"。

这样的规则局限在于，行政事业单位既要接受财政部对预算资金的价值管理，又要对自身预算资金的价值与实物双重管理，而价值管理与实物管理往往存在一定的时间差异性，采取收付实现制的核算方法，造成会计事项的不配比。

权责发生制的引入，打破了旧《规则》收支计量与确认的局限性。从而更直观、更全面地反映单位资产和负债，有助于更好地加强财务管理，如实反映单位的业务收支、结余情况，有助于准确地进行成本核算，考核业务成果、制定收费标准。

（3）严格了投资管理。在行政事业单位对外投资的管理上，旧《规则》只规定"应当按照国家有关规定报经主管部门、国有资产管理部门和财政部门批准或者备案"。其主要强调的是资产的国有性质不变，无法起到提高资产使用效益，防止国有资产流失的作用。

新《规则》明确规定，"在保证单位正常运转和事业发展的前提下，按照国家有关规定可以对外投资的，应当履行相关审批程序。行政事业单位不得使用财政拨款及其结余进行对外投资，不得从事股票、期货、基金、企业债券等投资，国家另有规定的除外"。这说明已经将财政部门、主管部门加强对行政事业单位对外投资的日常监督和专项检查提升了一个高度。

（4）加强了财务监督。很多行政事业单位的监督不力已成常态，如审核程序不完善，监督力度薄弱，内外部财务监督部门执法不严，直接导致财务管理的低效能和国有资产的侵蚀流失。

为改变这种局面，新《规则》增设"财务监督"一章，明确行政事业单位财务监督，实行事前监督、事中监督、事后监督相结合，日常监督与专项监督相结合，要求行政事业单位应当建立健全内部控制制度、经济责任制度、财务信息披露制度等监督制度，并依法公开财务信息。

（5）财务分析多元化。新《规则》打破了旧《规则》财务分析的片面性，新增了预算收入和支出完成率分析，用于衡量行政事业单位收入和支出总预算及分项预算完成的程度。同时新增了资产负债率指标分析，衡量行政事业单位利用债权人提供资金开展业务活动的能力，以及反映债权人提供资金的安全保障程度。

新增的"财务分析"指标丰富了财务分析的内容，可以较全面、完整地披露行政事业单位的重要经济活动，如科研、政府采购、基本建设等的绩效考核，在一定程度上遏制了容易造成公共财政重大投入（支出）管理目标不明、责任不清、效率不高、浪费严重甚至官僚主义等现象。

二、行政事业单位会计准则与会计制度

事业单位会计管理有一个完整的体系，现行体系中就包括《会计准则》、《会计制度》以及各行各业、各单位按照自己需求制定的会计制度。在这套体制中《会计准则》起统驭的作用，是所有规章制度制定和事实的基础，《会计制度》和单位内部会计制度的制定都必须与《会计准则》保持高度一致。

如医院需要遵守《医院会计制度》规定，同时也受制国家规定的《会计制度》，两者之间是包含与被包含的关系。

1. 行政事业单位会计准则

《事业单位会计准则》于1996年10月5日经国务院批准出台，由财政部以财预字［1997］286号文第一次发布，1998年1月1日起正式执行。2012年12月6日国家做出了重大修改，以财政部第72号令再次发布新版的《事业单位会计准则》，这里我们将之暂称为新《准则》。

新《准则》，在内容上明确规范了行政事业单位的会计目标、会计基本假设，会计核算基础，会计信息质量要求，会计要素的定义、项目构成及分类、一般确认计量原则、财务报告等基本事项。这些都体现了新《准则》中会计理念改变，正是由于会计理念上的转变，才使得会计基本职能得以回归，让我们对会计工作有了新的认识，从而更好地指导实践工作。

与旧《准则》相比，新会计理念体现了以下两个方面：

（1）强调了"受托责任观"，体现了维护投资者和社会公众利益的新理念。作为会计报告的目标，会计界存在两种观点，即受托责任观和决策有用观。我们的新《准则》则同时强调这两种观点，将反映管理层受托责任履行情况和有助于财务报告使用者做出经济决策，同时作为企业财务会计报告的目标。

（2）强化了面向未来的现代会计观，对于会计各要素的确认与计量采用了着眼于未来的新理念。具体体现在，新《准则》在很多地方都规定了"现值"的计算，而在以往只有在管理会计中才涉及到。

除理念上的变化，与原《准则》相比，新《准则》还有几处变化，主要体现在以下七个方面：

（1）会计假设和会计基本原则的变化：

1）会计假设增加"权责发生制"一项，由原来的4项增加为5项。

2）会计基本原则减少了8项，即可靠性原则、相关性原则、明晰性原则、可比性原则、实质重于形式原则、重要性原则、谨慎性原则和及时性原则。

3）权责发生制原则改变为会计假设，历史成本原则划归为计量属性，一贯性原则与可比性原则进行了合并，配比性原则和划分收益性资本性支出原则被取消，直接在会计要素的确认和计量中去规定。

（2）投资分类及核算的调整。投资不再按照投资期限进行划分，而是划分为投资性房地产、长期股权投资、持有至到期日投资和非持有至到期日投资。合并形成的长期股权投资成本分别按同一控制下的企业合并与非同一控制下的企业合并，并确定初始投资成本。

对于长期股权投资的后续计量，新《准则》调整为：

1）如果为共同控制或重大影响关系的长期股权投资，按权益法核算；如果不具有控制、共同控制和重大影响，按成本法核算。

2）对于具有控制关系的，则改为按成本法进行核算，但在编制合并会计报表时再按权益法进行调整。

（3）增加了计量属性及使用条件。新《准则》在会计计量属性中引入"公允价值"的概念，会计计量属性也增加了重置成本、可变现净值、现值和公允价值四种。

（4）回归会计基本职能，新《准则》在债务重组、非货币性资产交换、关联方交易等方面，不再以"反利润方式"加以限制。

（5）取消了存货发出计价中的"后进先出法"。

（6）所得税会计全面采用"资产负债表债务法"。

（7）长期资产减值不允许原渠道冲回。

2. 行政事业单位会计制度

根据《会计法》、《事业单位财务规则》、《事业单位会计总则》等法律法规特制定了会计制度（Accounting System）。这个制度是对财务往来在账簿中进行分类、登录、归总，并进行分析、核实和上报结果的制度，是进行会计工作所应遵循的规则、方法、程序的总称。

《会计制度》通过详细规定会计科目使用及财务报表编制，较为全面地规范了行政事业单位经济业务或事项的确认、计量、记录和报告。具体内容有以下10项：

（1）会计凭证的种类和格式以及编制、传递、审核、整理、汇总的方法和程序。

(2) 会计科目的编号、名称，及其核算内容；账簿的组织和记账方法。

(3) 记账程序和记账规则。

(4) 成本计算方法。

(5) 财产清查办法。

(6) 会计报表的种类、格式和编制方法、报送程序。

(7) 会计资料的分析利用。

(8) 会计检查的程序和方法。

(9) 电子计算在会计中的应用，会计档案的保管和销毁办法。

(10) 会计机构的组织；会计工作岗位的职责等。

需要注意《会计制度》的适用范围，不适用以下两种情况，分别是：

(1) 纳入财务管理体系、执行会计准则的行政事业单位；

(2) 参照公务员法管理的行政事业单位，将由财政部另行规定。

3. 会计科目编号

会计科目的编号、名称是会计制度中最主要的内容之一，也是在工作实践中运用得最多、最广的内容（见表1-3）。

表1-3 会计科目编号一览（新旧对照表）

行政事业单位会计制度财会〔2012〕22号			行政事业单位会计制度财预字〔1997〕288号	
序号	科目编号	科目名称	编号	科目名称
一、资产类				
1	1001	库存现金	101	现金
2	1002	银行存款	102	银行存款
3	1011	零余额账户用款额度		
4	1101	短期投资		
5	1201	财政应返还额度		
	120101	财政直接支付		
	120102	财政授权支付		
6	1211	应收票据	105	应收票据
7	1212	应收账款	106	应收账款
8	1213	预付账款	108	预付账款

续表

序号	科目编号	科目名称	编号	科目名称
	行政事业单位会计制度财会［2012］22 号			行政事业单位会计制度财预字［1997］288 号
9	1215	其他应收款	110	其他应收款
10	1301	存货	115	材料
			116	产成品
11	1401	长期投资	117	对外投资
12	1501	固定资产	120	固定资产
13	1502	累计折旧		
14	1511	在建工程		
15	1601	无形资产	124	无形资产
16	1602	累计摊销		
17	1701	待处置资产损溢		
	二、负债类			
18	2001	短期借款	201	借入款项
19	2101	应缴税费	210	应交税金
20	2102	应缴国库款		
21	2103	应缴财政专户款	209	应缴财政专户款
22	2201	应付职工薪酬		
23	2301	应付票据	202	应付票据
24	2302	应付账款	203	应付账款
25	2303	预收账款	204	预收账款
26	2305	其他应付款	207	其他应付款
27	2401	长期借款		
28	2402	长期应付款		
			208	应缴预算款
	三、净资产			
29	3001	事业基金	301	事业基金
30	3101	非流动资产基金		
	310101	长期投资		
	310102	固定资产		
	310103	在建工程		
	310104	无形资产		
			302	固定基金

续表

行政事业单位会计制度财会〔2012〕22号			行政事业单位会计制度财预字〔1997〕288号	
序号	科目编号	科目名称	编号	科目名称
31	3201	专用基金	303	专用基金
32	3301	财政补助结转		
	330101	基本支出结转		
	330102	项目支出结转		
33	3302	财政补助结余		
34	3401	非财政补助结余		
35	3402	事业结余	306	事业结余
36	3403	经营结余	307	经营结余
37	3404	非财政补助结余分配	308	结余分配
四、收入类				
38	4001	财政补助收入	401	财政补助收入
39	4101	事业收入	405	事业收入
40	4201	上级补助收入	403	上级补助收入
41	4301	附属单位上缴收入	412	附属单位缴款
42	4401	经营收入	409	经营收入
43	4501	其他收入	413	其他收入
			404	拨入专款
五、支出类				
44	5001	行政事业单位	504	行政事业单位
45	5101	上缴上级支出	516	上缴上级支出
46	5201	对附属单位补助支出	517	对附属单位补助
47	5301	经营支出	505	经营支出
48	5401	其他支出		

4. 会计准则和会计制度的异同

会计准则和会计制度是会计规范的两种形式，两者之间有很多相通的地方，也有各自的特色，接下来我们就来详细了解一下两者的异同之处。

（1）相同之处。

1）隶属范围相同：会计准则和会计制度均属于行政法规。

2）目的相同：都是规范会计核算行为的，为确保行政事业单位依次进行会计核算能够提供真实和完整的会计信息，为广大会计信息使用者服务。

（2）不同之处。

1）规范对象不同：会计准则是以特定的经济业务（交易与事项）或特别的报表项目为对象，详细分析该业务或项目的特点，规定所必须引用的概念的定义，然后以确认与计量为中心并兼顾披露，对围绕该单位或项目有可能发生的各种会计问题作出处理的规定。会计制度则是以某一特定部门，特定行业或所有部门为对象，着重对会计科目的设置、使用说明和会计报表的格式及其编制加以详细规范。

2）规范重点不同：准则侧重确认和计量，制度侧重记录和报告，确认和计量的内容有机地体现在会计科目及使用说明中。这样，准则重点是规范会计决策的过程，而制度是重点规范会计的行为和结果。采用准则的形式可引导会计人员从经济业务的确认、计量开始考虑进一步决定怎样记录和报告（披露）。

3）操作流程不同：准则能直接使用科目进行记录，并按规定程序和格式编制报表，比较抽象、比较难学难懂，可操作性较差；制度的优点是比较具体，容易了解和操作，在表述方式上使用了我国广大会计人员所熟悉的报表加分录的形式，容易被广大会计人员所接受。

综上所述，准则与制度这种交叉互补关系，两者在内容上没有实质性的差别；不同的只是制度制定的理念不一样，前者属于原则导向，而后者则属于规则导向。其实在这两者之间是完全可以二选一的，而我国之所以既有准则，又有制度，在使用时应该结合起来，尽量使之协调统一，避免制造准则与制度之间新的矛盾。

因此，财政部本次采用原则导向的"准则"，以实现会计国际趋同化，而不再采用规则导向的"制度"，这本身也是一次大的改革。对会计而言，两者的差别主要就在于，执行准则将要求会计人员必须做出更多的职业判断。

三、行政事业单位内部控制规范

行政事业单位会计与行政事业单位内部控制有两个层面：一是单位层面的内部控制，主要针对内控制度的建设和完善、工作的组织、人员的安排管理以及财务报告的控制；二是经济业务活动层面的内部控制，重点关注的是预算管理、收支管理、政府采购管理、资产管理、建设项目管理、合同管理等。从会计管理的角度，行政事业单位应该重视控制工作。

2012 年 11 月 29 日财政部发布了《行政事业单位内部控制规范（试行）》

的通知，规定自 2014 年 1 月 1 日起施行。该规范适用于各级党的机关、人大机关、行政机关、政协机关、审判机关、检察机关、各民主党派机关、人民团体和行政事业单位（以下统称单位）经济活动的内部控制。

十八届三中全会通过的《中共中央关于全面深化改革若干重大问题的决定》指出，到 2020 年在重要领域和关键环节改革上取得决定性成果，完成本决定提出的改革任务，形成系统完备、科学规范、运行有效的制度体系，使各方面制度更加成熟、更加定型。

为了方便学习者在学习行政事业单位会计理论时能够更清楚地掌握相关知识，在这里针对行政事业单位的内控规范一并讲解（见表 1-4）。

表 1-4　十八届三中全会改革要点与规范对照

	优化政府结构	履行政府职能	财税体制改革	事权支出责任	权利制约监督	改进官员作风
十八届会议精神	优化政府机构设置、职能设置、工作流程、完善决策权、执行权和监督权	逐步取消学校、科研机构、医院等行政单位的行政级别，向企业和社会组织转化	全面规范、公开、透明的预算制度。建立跨年度预算平衡机制，建立权责发生制的政府综合财务报告制度	按事权划分相应承担、分担支出责任。中央通过安排转移支付将部分事权支出责任委托地方	坚持用制度管权管事管人，让人民监督权利。这是权利得以保障的根本之策	健全财务预算的核准和审计制度，控制三公经费支出。严格执行领导干部工作生活保障制度所规定的内容。
行政事业单位内控	单位应确保经济活动的决策、执行和监督权的相互分离，建立健全集体研究、专家论证和技术咨询相结合的议事决策机制	优化完善单位内部管理制度和流程，建立科学、规范的内容体系，为分类改革目标的实现奠定基础，创造条件	以预算为主线、资金掌管为核心，实现预算管理的科学性和规范性。通过要其出具单位收支分析报告，逐步建立完善的政府综合财务报告制度	通过全面梳理单位现有的支出事项，就单位所承担的事权和支出责任，实现单位内部经济活动管理的规范有序	单位内部控制建设的一个重要目标就是有效防范舞弊和腐败。通过内部制度的完善可很好地规范和约束各项经济活动	通过各项经费支出事实预算、归口、审批、标准和单据管控等多种方式，实现对经济活动的有效控制，推动公务人员作风的清廉化

1. 为什么要进行内部控制

行政单位内部控制是指为了实现对内部和经济业务的控制，单位实施的一系列相关制度、措施实施、程序执行以及风险防范和管控的管理活动。目的是进一步提高行政单位内部管理水平，反对浪费，加强廉政风险防控机制的建设。

接下来就来了解内部控制对这些工作的促进作用：

（1）提升单位内部管理水平。从概念可以看出，内部控制对行政单位尤其是政府部门来讲至关重要。内部控制第一任务就是提升单位内部的管理水平。那么，如何来通过内部控制来提高内部管理水平呢？具体的举措优化机构设置、职能配置、工作流程，完善决策权、执行权、监督权既相互制约又相互协调的机制。

（2）厉行节约，抑制浪费。长期以来，在部分行政事业单位中总有一股奢侈浪费之风，不仅造成物质上的损耗，严重的是危害了党的根基、血脉和力量，给政府的形象带来了巨大的负面影响。

奢侈、浪费之风哪里来？原因是多方面的，最根本就是制度上存在漏洞，监管上力度不够。财政部门，在很大程度上担负着监督和督促的作用，因此国家在很多行政事业单位制定了强有力的内部控制制度。

2. 行政事业单位业务层面的内部控制

一般而言，财务内部控制共包含7项具体内容，按业务种类分为预算业务控制、收支业务控制、政府采购业务控制、资产控制、建设项目控制、合同控制、预算控制。

（1）预算业务控制。

1）建立预算编制、审批、执行、决算与评价等制度。

2）审核编制预算，做到程序规范、方法科学、编制及时、内容完整、项目细化、数据准确。

3）发挥预算对经济活动的管控作用。根据部门的职责和分工，对预算进行指标分解、审批下达，规范内部预算，或调整。

4）根据批复的预算安排各项收支，确保预算有效执行。

5）加强决算管理，确保决算真实、完整、准确、及时。

6）加强预算绩效管理，建立"预算编制有目标、预算执行有监控、预算完成有评价、评价结果有反馈、反馈结果有应用"的全过程业绩绩效管理机制。

7）加强决算分析工作，强化决算分析结果运用，建立健全单位预算与决算相互反映、相互促进的机制。

（2）收支业务控制。

1）建立健全收入、支出内部管理制度。

2）建立健全票据管理制度。

3）各项收支应当由财会部门归口管理并进行会计核算，严禁设立账外账。

4）有政府非税收入收缴职能的单位，应当按照规定项目和标准征收政府非税收入，按照规定开具财政票据。

5）收缴分离、票款一致，并及时、足额上缴国库或财政专户，不得以任何形式截留、挪用或者私分。

6）按照支出业务的类型，明确内部审批、审核、支付、核算和归档等支出各关键岗位的职责权限。实行国库集中支付的，严格按照财政国库管理制度有关规定执行。

7）根据国家规定可以举借债务的单位应当建立健全债务内部管理制度，明确债务管理岗位的职责和权限，不得由一人办理债务业务的全过程。

（3）政府采购业务控制。

1）建立健全政府采购预算与计划管理、政府采购活动管理、验收管理等政府采购内部管理制度。

2）明确相关岗位的职责权限，确保政府采购需求制定与内部审批、招标文件准备与复核、合同签订与验收、验收与保管等不相容岗位相互分离。

3）加强对政府采购业务预算与计划的管理。

4）加强对政府采购活动的管理。

5）加强对政府采购项目验收的管理。

6）加强对政府采购业务质疑投诉答复的管理。

7）加强对政府采购业务的记录控制。

8）加强对涉密政府采购项目安全保密的管理。

（4）资产控制。

1）单位对资产实行分类管理，建立健全资产内部管理制度。

2）建立健全货币资金管理岗位责任制，合理设置岗位，不得由一人办理货币资金业务的全过程，确保不相容岗位相互分离。

3）加强对银行账户的管理，严格按照规定的审批权限和程序开立、变更和撤销银行账户。

4）加强货币资金的核查控制。指定不办理货币资金业务的会计人员定期或不定期抽查盘点库存现金，核对银行存款余额，抽查银行对账单、银行日记账及银行存款余额调节表，核对是否账实相符、账账相符。

5）加强对实物资产和无形资产的管理，明确相关部门和岗位的职责权限，强化对配置、使用和处置等关键环节的管控。

6）根据国家有关规定加强对对外投资的管理。

（5）建设项目控制。

1）建立健全建设项目内部管理制度。

2）单位应当建立与建设项目相关的议事决策机制，严禁任何个人单独决策或者擅自改变集体决策意见。

3）单位应当建立与建设项目相关的审核机制。

4）单位应当依据国家有关规定组织建设项目招标工作，并接受有关部门的监督。

5）单位应当按照审批单位下达的投资计划和预算对建设项目资金实行专款专用，严禁截留、挪用和超批复内容使用资金。

6）单位应当加强对建设项目档案的管理，做好相关文件、材料的收集、整理、归档和保管工作。

7）经批准的投资概算是工程投资的最高限额，如有调整，应当按照国家有关规定报经批准。

8）建设项目竣工后，单位应当按照规定的时限及时办理竣工决算，组织竣工决算审计，并根据批复的竣工决算和有关规定办理建设项目档案和资产移交等工作。

（6）合同控制。

1）单位应当建立健全合同内部管理制度。

2）单位应当加强对合同订立的管理，明确合同订立的范围和条件。

3）单位应当对合同履行情况实施有效监控。

4）财会部门应当根据合同履行情况办理价款结算和进行账务处理。

5）合同归口管理部门应当加强对合同登记的管理，定期对合同进行统计、分类和归档，详细登记合同的订立、履行和变更情况，实行对合同的全过程管理。

6）单位应当加强对合同纠纷的管理。合同发生纠纷的，单位应当在规定时效内与对方协商谈判。合同纠纷协商一致的，双方应当签订书面协议；合同纠纷经协商无法解决的，经办人员应向单位有关负责人报告，并根据合同约定选择仲裁或诉讼方式解决。

（7）预算控制。行政事业单位预算管理办法是确定总预算和单位预算的关系，以及总预算对单位预算如何管理的问题。对预算的控制主要体现在以下五个方面（见表1-5）。

表1-5　预算控制内容

项目	具体内容
预算的概念	预算是指行政事业单位结合管理服务目标及资源调配能力，经过综合计算和全面平衡，对当年或者超过一个年度的管理服务和财务事项进行相关经费、额度的测算和安排的过程
	行政事业单位应当建立预算管理体系，明确预算编制、审批、执行、分析、考核等各部门、各环节的职责任务、工作程序和具体要求
预算的编制	行政事业单位预算管理部门主要负责拟订预算目标和预算政策
	制定预算管理的具体措施和办法
	组织编制、审议、平衡年度预算草案
	组织下达经批准的年度预算
	协调、解决预算编制和执行中的具体问题
	考核预算执行情况，督促完成预算目标
	单位应当加强对预算编制环节的控制，对编制依据、编制程序、编制方法等作出明确规定，确保预算编制依据合理、程序适当、方法科学
	单位可以选择或综合运用固定预算、弹性预算、零基预算、滚动预算、概率预算等方法编制预算
预算的执行	对预算指标的分解方式、预算执行责任制的建立、重大预算项目的特别关注、预算资金支出的审批要求、预算执行情况的报告与预警机制等作出明确规定，确保预算严格执行。建立预算执行责任制度，对照已确定的责任指标，定期或不定期地对相关部门及人员责任指标完成情况进行检查，实施考评
	单位预算管理部门应当运用财务报告和其他有关资料监控预算执行情况，及时向单位决策机构和各预算执行单位报告或反馈预算执行进度、执行差异及其对预算目标的影响，促进预算目标的全面完成
预算的调整	需要调整预算的，应当报经原预算审批机构批准
预算分析与考核	行政事业单位应当加强对预算分析与考核环节的控制，通过建立预算执行分析制度、审计制度、考核与奖惩制度等，确保预算分析科学、及时，预算考核严格、有依据

　　各单位的工作性质和内容不同，所选用的预算方法也不相同。行政事业单位预算管理主要包括全额预算管理、差额预算管理和自收自支管理（见表1-6）。

表1-6 预算分类及内容

项目	具体内容
全额预算管理	适合没有稳定的经常性业务收入或收入较少的，各项支出全部或主要由国家预算拨款供应的单位，实行全额预算管理
	对全额预算管理单位实行多种形式的预算包干、结余留用、超支不补的预算管理办法
	对有条件逐步向差额预算管理过渡的全额预算管理单位，单位主管部门和财政部门应促其向差额预算管理过渡
差额预算管理	有一定数量的稳定的经常性业务收入，但还不足以解决本单位的经常性支出，需要财政补助的行政事业单位，则实行差额预算管理
	对差额预算管理单位实行核定收支、定额（或定项、差额）补助、增收节支留用、减收超支不补的办法
	对有条件逐步向自收自支管理过渡的差额预算管理单位，应逐步减少事业费补助，在其主管部门会同财政部门规定的年限内达到经济自主，实行自收自支管理
自收自支管理	即有稳定的经常性收入，可以解决本单位的经常性支出，但尚未具备企业管理条件的行政事业单位，实行自收自支管理
	包括五种形式：对自收自支管理单位实行核定收支、增收节支留用、减收超支不补的办法
	收入大于支出较多的单位，在核定其收支数时规定其收入的一部分上交财政，或上交主管部门
	实行自收自支管理的行政事业单位，其单位的事业性质不变，职工的工资、福利待遇等均执行国家对行政事业单位的有关规定
	实行自收自支管理的行政事业单位仍属预算内行政事业单位，按照国家规定编报年度财务收支计划和决算，接受财政、审计等监督
	对有条件向企业管理过渡的自收自支管理单位，其主管部门和财政部门应规定期限，促其实行企业管理。实行企业管理后，执行国家对企业的有关规定

3. 建立和实施内部控制的原则

表1-7 建立和实施内部控制的原则

全面性原则	内部控制应当贯穿单位经济活动的决策、执行和监督全过程，实现对经济活动的全面控制
重要性原则	在全面控制的基础上，内部控制应当关注单位重要经济活动和经济活动的重大风险
制衡性原则	内部控制应当在单位内部的部门管理、职责分工、业务流程等方面形成相互制约和相互监督
适应性原则	内部控制应当符合国家有关规定和单位的实际情况，并随着外部环境的变化、单位经济活动的调整和管理要求的提高，不断修订和完善

4. 行政事业单位内部控制的控制方法

（1）不相容岗位相互分离。合理设置内部控制关键岗位，明确划分职责权限，实施相应的分离措施，形成相互制约、相互监督的工作机制。

（2）内部授权审批控制。明确各岗位办理业务和事项的权限范围、审批程序和相关责任，建立重大事项集体决策和会签制度。相关工作人员应当在授权范围内行使职权、办理业务。

（3）归口管理。根据本单位实际情况，按照权责对等的原则，采取成立联合工作小组并确定牵头部门或牵头人员等方式，对有关经济活动实行统一管理。

（4）预算控制。强化对经济活动的预算约束，使预算管理贯穿于单位经济活动的全过程。

（5）财产保护控制。建立资产日常管理制度和定期清查机制，采取资产记录、实物保管、定期盘点、账实核对等措施，确保资产安全、完整。

（6）会计控制。建立健全本单位财会管理制度，加强会计机构建设，提高会计人员业务水平。强化会计人员岗位责任制，规范会计基础工作，加强会计档案管理，明确会计凭证、会计账簿和财务会计报告处理程序。

（7）单据控制。要求单位根据国家有关规定和单位的经济活动业务流程，在内部管理制度中明确界定各项经济活动所涉及的表单和票据，要求相关工作人员按照规定填制、审核、归档、保管单据。

（8）信息内部公开。建立健全经济活动相关信息内部公开制度，根据国家有关规定和单位的实际情况，确定信息内部公开的内容、范围、方式和程序。

5. 评价与监督

《行政事业单位内部控制规范（试行）》规定，单位应当建立健全内部监督制度，明确各相关部门或岗位在内部监督中的职责权限，规定内部监督的程序和要求，对内部控制建立与实施情况进行内部监督检查和自我评价。内部监督应当与内部控制的建立和实施保持相对独立。

第四节　装备四：熟练把握国家政策

一、中央对行政事业单位财政部门的要求

行政事业单位财政管理是单位管理的重要组成部分，是规范单位经济活

动和社会经济秩序的重要手段。而这一切管理的有效性，取决于是否有健全的财务会计部门或机构。按照国家规定，任何行政、事业单位都必须设立独立的财政部门或机构，配备专业的会计人员。

没有条件或能力设立财政机构的，可以设立非独立工作部门或机构，如将业务并入其他职能部门，或者进行代理记账。但必须在单位统一管理和监督下进行相关活动，否则要受到处罚甚至勒令撤销。

为了有效行使单位财务部的部门职责，财务部门至少要设置以下三个岗位：财务部长（总监）、核算会计、财务会计，具体组织结构如图1-4所示。

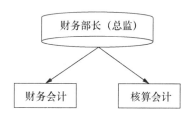

图1-4 财务部门岗位

图1-4只是行政事业单位财政部门最基本的设置模式，在具体的工作实践中，各单位还应根据工作的需要、各职能岗位职责，本着"高效、精简"的原则设置具体的岗位、合适的人数。

1. 财务部长（总监）职责

（1）在单位领导的领导下，负责组织和领导系统内财务人员开展财务管理与核算工作。

（2）负责单位系统内财务队伍的建设，并会同人力资源部门对财务人员进行绩效考核。

（3）根据国家及总部相关管理要求，建立健全有关财务管理与会计核算制度及实施细则，并组织落实。

（4）复核下属单位、部门报送的相关资料，协助制定对经营授权书，并对授权调整提出意见。

（5）领导下属单位、部门内控建设，规范会计核算，督促按单位要求及时上报会计报表，对会计信息的及时性和真实性承担管理责任。

（6）负责下属单位、部门系统内组织实施收支两条线和目标预算管理，严肃财经纪律，对其货款的安全和回笼情况承担管理责任。

（7）对下属单位、部门实施风险监控，指导开源节流，优化资金占用。

（8）定期对单位及下属子单位的经营状况作出经济分析，为单位总经理提供决策支持。

（9）负责税务协调，配合银行、税务、中介机构和审计部的了解、检查和审计工作负责协调与单位其他部门的关系。

（10）保守单位商业秘密。

2. 核算会计岗位职责

（1）在财务部长的领导下，负责单位的会计核算工作，承担相应的财务管理职责。

（2）贯彻、执行国家会计法规和集团、本单位制定的会计制度及实施细则。

（3）负责设置核算账簿体系，协助仓管、售后服务、业务等其他部门建立必要的台账。

（4）规范会计基础工作和核算流程，认真审核原始凭证，正确编制记账凭证，准确登账。

（5）依据经营授权书和其他管理制度实施财务监督，对超权限的，在得到相应授权单位书面批准后方可办理财务手续。

（6）及时进行入库单和采购发票的核对，按规定进行存货和销售成本核算。月末，在财务主管的组织下，进行存货盘点和账账、账实核对工作，对差异事项及时作出处理。

（7）负责往来款项的对账并加强欠款的催收工作。

（8）严格费用单据的审核，按规定进行费用控制。规范费用业务的账务处理，开展费用分析。按单位核算制度规定进行固定资产折旧、福利费、工会经费、教育经费、预提费用及各项准备的计提以及待摊费用的摊销。

（9）根据单位会计制度规定准确进行单位利润和分产品损益的核算，不得人为调节利润。

（10）及时编制本部会计报表报送集团，并负责编制单位的合并报表。

（11）依法进行税务事项的会计处理和纳税申报工作，严格增值税发票的管理。

（12）负责会计凭证、账簿、财务会计报告和其他会计资料等会计档案的管理工作。

3. 财务会计岗位职责

（1）协助财务部长建立财务管理与会计核算制度及实施细则。

（2）负责组织各单位编制预算，根据各单位的预算进行汇总编制全面目标预算。对整个单位预算控制、执行情况及成本、费用进行分析，深入挖潜，提高费用功效，为单位领导提供决策支持。

（3）负责对单位的财务状况和经营成果进行分析，为单位领导作出决策提供依据。

（4）负责对存货、应收、应付款项、固定资产等资金组织实施规范、有效的财务管理，承担相应的财务监督职责。

（5）负责落实各项制度，并不定期检查其执行情况，指导和督促子单位加强流动资金管理，提高资金周转速度和费用功效，优化资金占用。

（6）负责协调和配合集团及相关部门、机构审计检查工作。

（7）负责与各部门进行业务沟通。

（8）负责集团上报资料的收集和编制。

（9）保守本单位的商业秘密。

根据《会计法》规定，不能设置会计机构的单位，应当在有关机构中设置会计人员并指定会计主管人员。

4. 中央对行政事业单位财务部门要求

在我国，事业单位财政管理实行的是"财政部门—主管部门—行政事业单位"三方共管的运行机制。单位的财政部门，需要与其主管部门以及中央部门保持高度一致，并时时事事服务于上级部门。在中央相关部门，所属行政事业单位的统一管理下，才能按照其规定，结合自身实际，建立健全的内部财会管理制度，内部控制体制以及其他相应的相关活动。

从总体看，中央行政事业单位对各行政、事业单位的指导和监督工作，高效有序、稳步推进，取得了较好成效。但也有少数部门和单位违反行政事业单位国有资产管理制度，不按规定履行管理职能和资产配置、使用、处置、评估等审批程序，给财务工作造成了一定的影响，必须引起高度重视。

那么，中央对行政事业单位财务部门，或机构的要求有哪些呢？

（1）不得脱离单位统一监督另设会计、出纳，不得另立账户从事会计核算。从事会计工作的人员，必须取得会计从业资格证书。

（2）单位会计机构中的会计、出纳人员，必须分设，银行印鉴必须分管。不得以任何理由发生会计、出纳一人兼，银行印鉴一人管的现象。

（3）行政事业单位按照规定设置会计账簿，根据实际发生的业务事项进行会计核算，填制会计凭证，登记会计账簿，编制财务会计报告。行政事业单位负责人对本单位的财务会计工作和会计资料的真实性、完整性依法负责。

二、中央对行政事业单位会计人员的要求

经济全球化、社会主义市场经济以及事业单位改革的推进，对行政事业会计人员素质的要求越来越高。但是由于我国会计人员，特别是处于基层的事业单位会计人员由于知识结构层次低等原因，普遍存在道德水准不高。那么，什么样的人才能称为合格的会计人员呢？国家对从事会计的人员又有哪些要求呢？

1. 对会计人员的要求

事业单位会计人员综合素质不高已经成为一个公认的问题，从而导致了会计监督弱化、会计信息公信力下降等问题，阻碍了社会各项事业的发展。

造成综合素质不高的原因有很多，其中最重要的一个原因就是对人员的来源把控不严。来自社会招聘最大的缺点就是不稳定性，良莠不齐，有相当一部分未经过系统的财会知识培训，理财观念陈旧，知识欠缺，方法落后，这种情况无法满足单位的实际需求。

一个合格的会计应该符合四个方面的基本要求：

（1）具有良好的职业道德和成熟的价值观。会计职业道德是会计工作应遵循的道德标准，是会计人员在会计事务中正确处理人与人之间经济关系的各种行为规范总和。因此，"诚信、真实、公正、可靠"成了会计职业道德的基本要求，每个会计人员的信条。

（2）正直的人品和健康的心态。是指要遵纪守法、廉洁奉公、办事公正，敢于坚持原则；有一种健康心态，拒绝诱惑。会计人员每天面对的除了是枯燥的数字外，就是金钱的进出，因此会计人员必须要保持一颗平常心，保持心理上的平衡。如果抵制不住金钱的诱惑，就会违法甚至犯罪。

（3）熟悉财经法律法规和农村信用社的各项规章制度。财务的主要职责是做好会计核算，进行会计监督。严格遵守国家财务会计制度、税收法规、单位的财务制度及国家其他财经法律法规，认真履行自己的工作职责。

（4）从事金融工作的经验。财务会计是一项实践性很强的技术工作，财会人员既要掌握现代会计、财务、税法、金融、财政、计算机理论和技术，又要具有一定的实践工作经验。

2. 委派制

为了更加适应中央相关部门、本单位的需求，我国开始实施一种新的制度——委派制。

会计人员委派制，是会计管理体制的一种新模式，一种与市场经济内在

要求相符合的财务管理体制，它把本级和下属单位视作一个经营整体，按照市场经济的竞争规律，使资源（包括财力、物力、人力）在整体上得到最优配置。

源于西方国家企业经营行为的一种制度。在西方国家公司的内部管理中应用普遍，是资本所有者保护自身利益的一种有效方式。1998年，在中国的政府机关和国有企业引入这一制度。它是指政府机关或企业的上级主管部门对其下属的分支机构或公司委派会计人员，并授权委派会计人员监督所派单位会计行为和其他经营活动的一种制度。

随着社会主义市场经济体制的建立和逐步完善，其优势和作用日渐突出。全国已有29个省（自治区、直辖市）进行了试点，委派的会计人员超过6万人。但由于在全国尚未形成一套完善的、规范的会计管理体制，试点也大都集中在县级以下机关行政事业单位。

委派会计的职责是按委派主体要求，对受派单位执行会计法、财经纪律和信贷制度实施会计监督；及时、准确、全面地向委派单位报告财务状况、经营成果、信息质量；对受派单位会计工作的合法合规性、会计信息的真实完整性负监督、管理责任；帮助受派单位完善内控机制，实现依法稳健经营；对受派单位的各项财务、信贷收支实施实时和事后监督。

为了有效履行这些职责，委派会计具有建议权和监督权，有权参与受派单位的经营管理的决策会议和财务、信贷审批事项，参与制定和完善各项考核和激励机制，下达考核指标，检查执行情况；有权制止经营业务中的违法乱纪行为，在制止无效时有权直接向上级书面报告；对辖内会计进行系统的培训和指导，对基层会计具有否决权。

委派会计尽心尽责地为委派单位工作，必须使委派会计利益与受派单位脱钩。由委派单位按照责、权、利统一和权力相互制约的原理，对委派会计的人事关系、工资关系、福利待遇、职称评定实行直接管理，工作考核、年度考核、评先评优由委派单位负责。委派会计享受受派单位副职待遇，并按量化指标进行考核，按考核结果计发工资。

第二章 熟练业务——事业会计六大构成要素

会计要素是对会计对象进行的基本分类，是构成会计客体的必要因素，是会计对象的具体化。行政事业单位的会计要素包括资产、负债、净资产、收入、支出、年终清理结算与结账6个要素。

第一节 行政事业单位资产的核算

一、资产概述

财政部门是负责行政事业单位资产的职能部门，而会计作为财政部门的主要成员，对资产实施综合管理是其主要职责。然而，并不是所有的人都能做好这一点，在试图做好资产管理工作之前需要先了解什么是资产、资产的类型以及对资产进行核算。

资产，是指行政事业单位占有、使用、依法确认为国家和集体所有的，能以货币计量的经济资源，包括各种财产、债权和其他权利。具体的表现形式为货币资金、短期投资、应收及预付款项、存货、长期投资、在建工程、固定资产、无形资产等。这些都可统称为行政事业单位的资产。

行政事业单位的资产，按照流动性分为流动资产和非流动资产两大类。

1. 流动资产

行政事业单位的流动资产是指在1年内（含1年）变现或者耗用的资产，主要包括货币资金、短期投资、应收及预付款项、存货等（见表2-1）。

表 2-1　流动资产分类及内容

项目	具体内容
货币资金	包括库存现金、银行存款、零余额账户用款额度等
短期投资	是行政事业单位依法取得的，持有时间不超过 1 年（含 1 年）的投资
应收及预付款项	是行政事业单位在开展业务活动中形成的各项债权，包括财政返还额度、应收票据、应收账款、其他应收款等应收款项和预付账款
存货	是行政事业单位在开展业务活动及其他活动中为耗用而储存的资产，包括材料、燃料、包装物和低值易耗品等

2. 非流动资产

行政事业单位的非流动资产是指流动资产以外的资产，主要包括长期投资、在建工程、固定资产、无形资产等（见表 2-2）。

表 2-2　非流动资产分类及内容

项目	具体内容
长期投资	是行政事业单位依法取得的，持有时间超过 1 年（不含 1 年）的各种股权和债权性质的投资
在建工程	是行政事业单位已经发生必要支出，但尚未完工交付使用的各种建筑（包括新建、改建、扩建、修缮等）和设备安装工程
固定资产	是行政事业单位持有的使用期限超过 1 年（不含 1 年），单位价值在规定标准以上，并在使用过程中基本保持原有物质形态的资产，包括房屋及构筑物、专用设备、通用设备等
	单位价值虽未达到规定标准，但是耐用时间超过 1 年（不含 1 年）的大批同类物资，应当作为固定资产核算权、著作权、土地使用权、非专利技术等
	单位不足规定标准，但耐用时间在 1 年以上的大批同类物资和单位价值在 2000 元以上的专业计算机软件，同样按固定资产管理
无形资产	是行政事业单位持有的没有实物形态的可辨认非货币性资产，包括专利权、商标权等

注："在建工程"科目是新准则在非流动资产构成中新增加的，要求行政事业单位对于基建投资，在按照基建会计核算规定单独建账、单独核算的同时，将基建账相关数据定期并入单位会计"大账"。

3. 资产的计量

行政事业单位的资产应当按照取得时的实际成本进行计量。除国家另有规定外，行政事业单位不得自行调整其账面价值。

行政事业单位的应收及预付款项应当按照实际发生额计量（见表 2-3）。

表 2-3　行政事业单位取得资产的计量

项目	具体内容
以支付对价方式取得的资产	应当按照取得资产时支付的现金或者现金等价物的金额，或者按照取得资产时所付出的非货币性资产的评估价值等金额计量
取得资产时没有支付对价的	应当按照有关凭据注明的金额加上相关税费、运输费用等确定
	没有相关凭据的，其计量金额比照同类或类似资产的市场价格加上相关税费、运输费等确定
	没有相关凭据、同类或类似资产的市场价格也无法可靠取得的，所取得的资产应当按照名义金额入账

4. 行政事业单位资产管理要点

按照国家相关规定，行政事业单位在允许的范围内可以运用自身资产进行经营活动，发挥其所在领域的知识、技术、技能等方面的优势，通过对外投资等活动满足自身行政事业单位发展需要，来发展、弥补行政事业单位财政经费不足。

这足以说明资产离不开管理，作为会计最基本的职责就是实行对资产的管理，以使资产得到更充分、更合理的利用。尤其是对那些没有经济来源的行政事业单位，可以说，资产就是支持单位管理活动正常运转和向前发展的基础。

然而，很多行政事业单位的管理者在资产管理上都或多或少存在些不足，意识薄弱、重视程度不够。这样的结果主要原因来自两大方面：

一方面，大部分行政事业单位都享有财政拨款，其中专项资金拨款占有较大份额，由于专项申报时，对各项开支的预算、计划不准确，存在较大的虚报行为，从而导致专项资金到位后，产生一定的结余，购置固定资产即成为行政事业单位使用结余资金的首选，这种非计划项下购置的固定资产必然出现资产闲置，利用效率低下。

另一方面，行政事业单位无盈利要求且接受内外部审计的压力相对较小，支出控制力度较差，再加上无固定资产现值考核的压力，行政事业单位财务人员疏于固定资产的核算及监管，造成账实不符也就成为必然。

那么，如何来管理呢，最主要是掌握"一进一出"两个要点：

（1）"一进"充分发挥自身的优势，增加利润收入。行政事业单位利用货币资产、实物资产、无形资产等向其他单位投资，应进行可行性分析，对投资的安全性等进行测算和分析，以货币资金的方式对外投资，应当按照实际支付的款项记账；以实物、无形资产对外投资时，应当按照有关规定进行资产评估，并以评估确认的价值记账。

经营形式一般包括六种：①直接经营；②委托经营；③承包经营责任制；④租赁经营；⑤股份制经营；⑥联合经营。

（2）"一出"，严格规范使用标准，提高利用率。新《行政事业单位会计制度》中规定了行政事业单位对固定资产计提折旧、对无形资产进行摊销，要求参照企业的做法，实行固定资产折旧制度，按照固定资产原值和使用年限计提固定资产折旧。

【案例6】

山东省财政厅在2015年初就出台了《山东省省直行政事业单位部分通用资产配置标准》，为行政事业单位配置资产立"标尺"。省财政将依据该《标准》审核部门预算，对超标准配置资产的资金申请不予安排。该《标准》是山东省财政继出台省直行政单位通用资产配置标准之后，对行政事业单位资产配置树立的"标尺"。该"标尺"对省直行政事业单位配置通用办公设备、办公家具等资产的数量和价格设定了最高限额，对资产的最低使用年限作了限制性规定。

因此，当单位现有资产数量超过配置标准或价格未达到配置标准的仍继续使用，待现有资产报废处置需新增资产时，再按标准执行；资产使用年限达到最低使用年限标准的，如能继续使用，应本着勤俭节约的精神继续使用。

二、货币资金

行政事业单位的货币资金主要包括库存现金等。

行政事业单位为了满足日常支付需求，很多时候需要保留一部分现金。这部分资金被称为库存现金。国家和单位对这部分资金是有严格规定的，包括现金管理的规定、收支，并按照本制度规定核算现金的各项收支业务。

1. 库存现金管理办法

一般来讲，任何行政事业单位都需要设置"现金日记账"，由出纳或相关会计人员根据收、付款凭证，按照业务发生的顺序逐笔登记。同时，将当日的现金收入合计数、现金支出合计数和结余数，以及结余数与实际库存数进行核对，以保证做到账款相符。如发现账款核对中现金溢余或短缺的，应当及时进行处理。

同时，有的行政事业单位现金收入业务较多，还应设有单独收款部门。

收款部门的收款员应当将每天所收现金连同收款凭据等一并交财务部门核收记账；或将每天所收现金直接送存开户银行后，将收款凭据及向银行送存现金的凭证等一并交财务部门核收记账。

如果行政事业单位有外币现金，应当分别按照人民币、各种外币设置"现金日记账"进行明细核算。

为了对库存现金进行高效的管理，会计人员一定要了解库存现金账务来往项目以及账务的处理方法（见表2-4）。

表2-4　库存现金的财务核算

业务内容	业务处理
从银行等金融机构提取现金	借：库存现金 　　贷：银行存款
将现金存入银行等金融机构	借：银行存款 　　贷：库存现金
因内部职工出差等原因借出的现金	借：其他应收款 　　贷：库存现金
出差人员报销差旅费	借：有关科目 　　贷：其他应收款 　　　　库存现金（按其差额，借或贷）
因开展业务等其他事项收到现金	借：库存现金 　　贷：有关科目
因购买服务或商品等其他事项支出现金	借：有关科目 　　贷：库存现金
发现现金溢余	属于应支付给有关人员或单位的部分 借：库存现金 　　贷：其他应付款
	属于无法查明原因的部分 借：库存现金 　　贷：其他收入
发现现金短缺	属于应由责任人赔偿的部分 借：其他应收款 　　贷：库存现金
	属于无法查明原因的部分，报经批准后 借：其他支出 　　贷：库存现金

2. 库存现金案例分析

【案例7】现金收入

某医院 2014 年 5 月发生的现金收入业务如下：

（1）5 月 1 日开具现金支票从银行提取现金 2000 元作为备用金，财务人员根据"现金支票存根联"，填制记账凭证。

借：库存现金	2000
贷：银行存款	2000

（2）5 月 8 日单位范某出差回来报销差旅费 1000 元，并退回多借现金 300 元，财务人员根据"差旅费报销单"以及"收款收据"，填制记账凭证。

收到退回的现金：

借：库存现金	300
贷：其他应收款	300

报销差旅费

借：事业支出	1000
贷：其他应收款	1000

（3）5 月 15 日，单位资产管理部门交来变卖废旧物品收入现金 400 元。

借：库存现金	400
贷：其他应收款	400

（4）5 月 20 日，单位销售产品，收到现金收入 1600 元，增值税 272 元。

借：库存现金	1872
贷：经营收入	1600
应交税费——应交增值税	272

【案例8】现金支出

某行政事业单位的财政部 2014 年 10 月发生的现金付款业务如下：

（1）10 月 8 日，用现金为单位购买 800 元的办公用品，根据购买发票填制记账凭证。

借：事业支出	800
贷：库存现金	800

（2）10 月 10 日，单位李某因公出差，借款 1500 元，根据有关领导审批的"借款单"填制记账凭证。

借：其他应收款	1500

　　　贷：库存现金　　　　　　　　　　　　　　　　　　　　1500

　　（3）5月20日，用现金发放工资10000元，根据收款人签字盖章齐全的"工资发放明细表"填制记账凭证。

　　　借：事业支出　　　　　　　　　　　　　　　　　10000

　　　　贷：库存现金　　　　　　　　　　　　　　　　　　　10000

　　（4）5月22日，李某出差回来，经过审核可以报销的差旅费为1400元，交回100元的剩余款，根据"差旅费报销单"以及"付款收据"填制记账凭证。

　　　借：事业支出　　　　　　　　　　　　　　　　　1400

　　　　库存现金　　　　　　　　　　　　　　　　　　100

　　　　贷：其他应收款　　　　　　　　　　　　　　　　　1500

　　（5）5月28日，将本月超出库存限额的现金1000元送交银行，根据银行出具的"现金缴款单"填制记账凭证。

　　　借：银行存款　　　　　　　　　　　　　　　　　1000

　　　　贷：库存现金　　　　　　　　　　　　　　　　　　　1000

三、应收及预付款项

　　行政事业单位的应收及预付款项主要包括应收票据、应收账款、预付账款和其他应收款。

　　1. 应收票据

　　行政事业单位的应收票据是指因开展经营活动销售产品、提供有偿服务等而收到的商业汇票，主要包括银行承兑汇票和商业承兑汇票。

　　商业承兑汇票是由收款人签发，经付款人承兑，或由付款人签发并承兑的票据。银行承兑汇票是由收款人或承兑申请人签发，并由承兑申请人向开户银行申请，经由银行审查同意承兑的票据。

　　应收票据按是否附带利息分类，分为带息票据和不带息票据两种。带息票据是票面上载明利率，到期按面值与规定利率支付面值及其利息的票据。不带息票据是票面上不载利率，到期只按票据面值付款的票据。

　　注意：我国行政事业单位大部分使用的是不带息的银行承兑汇票，接下来主要介绍这部分的核算。

　　（1）应收票据的计价。一般有面值计价和现值计价两种。面值计价是指企业在收到应收票据时，按照票据的面值作为应收票据的入账价值；现值计价是以某一特定日所收到的现金到期值按交易发生时市场利率折算的价值（现值）入账。

不论应收票据是否带息，都应在收到或开出并承兑时，以其票面价值入账。

（2）应收票据到期日与到期价值的确定。

1）到期日的确定。应收票据的到期日应按不同的约定方式来确定。如约定按日计算，则应以足日为准，在其计算时按算尾不算头的方式确定。如 3 月 21 日开出的 60 天商业汇票的到期日为 5 月 20 日。如约定按月计算，则以足月为标准，在计算时按到期月份的对日确定，若到期月份无此对日，应按到期月份的最后一日确定。

【案例9】

8 月 31 日开出的 6 个月商业汇票，到期日应为下年 2 月 28 日（若有 29 日为 29 日）；若此汇票为 8 个月时，到期日应为下年的 4 月 30 日。

2）到期价值的确定。应收票据的到期价值即商业汇票到期时的全部应支付款项，要根据票据是否带息的不同来确定。若是不带息票据，到期价值就是票面价值即本金。若是带息票据，到期价值为票据面值加上应计利息，计算公式为：

票据到期价值 = 票据面值 × （1 + 票面利率 × 票据期限）

上式中，利率一般以年利率表示。票据期限则用月或日表示，在实际业务中，为了计算方便，常把一年定为 360 天。

【案例10】

一张面值为 10000 元，期限为 90 天，票面利率为 10% 的商业汇票，到期价值为：

10000 × （1 + 10% × 90/360） = 10250 （元）

（3）应收票据的账务核算。行政事业单位应设置"应收票据"账户，进行应收票据的核算，属于资产类账户。借方登记应收票据的金额，贷方登记到期收回的票面金额和已办贴现的应收票据的票面金额，期末余额在借方，用来反映期末持有的应收票据的票面金额（见表 2 - 5）。

行政事业单位还应当设置"应收票据备查簿"，逐笔登记每一应收票据的种类、号数、出票日期、到期日、票面金额、交易合同号和付款人、承兑人、

表2-5 应收票据的账务核算

业务内容		业务处理
因销售产品、提供服务等收到商业汇票		借：应收票据 　贷：经营收入 　　　应缴税费——应缴增值税
持未到期的商业汇票向银行贴现		借：银行存款 　　经营支出 　贷：应收票据
将持有的商业汇票背书转让以取得所需物资时		借：有关科目 　　银行存款 　贷：应收票据 　　　银行存款
商业汇票到期时	收回应收票据	借：银行存款 　贷：应收票据
	因付款人无力支付票据	借：应收账款 　贷：应收票据

背书人姓名或单位名称、背书转让日、贴现日期、贴现率和贴现金额、收款日期、收回金额和退票情况等资料。针对应收票据到期结清票款或退票后，应当在备查簿内逐笔注销。

【案例11】销售产品账务处理

甲行政事业单位2014年5月发生的经济业务如下：销售一批产品给A公司，货物已经发出，计税合计为11700元。双方约定3个月后付款，A公司给行政事业单位开具了一张不带息为期3个月的银行承兑汇票，票面金额为11700元。

借：应收票据　　　　　　　　　　　　　　　　11700
　贷：经营收入　　　　　　　　　　　　　　　10000
　　　应交税费——应缴增值税（销项税额）　　1700

【案例12】未到期的商业汇票向银行贴现的账务处理

假设甲行政事业单位由于资金周转困难，将持有一个月的票据向银行贴现，贴现率为 12% 。

贴现息 = 11700 × 12% × （2 ÷ 12）= 234（元）

贴现净额 = 11700 - 234 = 11466（元）

借：银行存款   11466

  经营支出   234

   贷：应收票据   11700

【案例 13】商业汇票背书转让的账务处理

假设甲行政事业单位向 B 企业购买自用材料，价税合计为 23400 元。甲行政事业单位将该票据背书转让给了 B 企业，剩余的差额则用银行存款支付。

借：存货——材料   23400

   贷：应收票据   11700

     银行存款   11700

【案例 14】商业汇票到期的账务处理

假设甲行政事业单位在三个月后委托开户银行收回票据价款 11700 元。

借：银行存款   11700

   贷：应收票据   11700

假设甲行政事业单位在三个月后未能收回应收票据的价款。

借：应收账款   11700

   贷：应收票据   11700

2. 应收账款

行政事业单位的应收账款是指因开展经营活动销售产品、提供有偿服务等而应收取的款项。行政事业单位应当按照购货、接受劳务单位（或个人）进行明细核算。

（1）行政事业单位应收账款主要表现如表 2 - 6 所示。

表 2 - 6 应收账款的种类及内容

项目	具体内容
预借差旅费	单位职工因公出差往往会先到单位会计部门借款，作为出差的费用，待职工回来以后，以差旅费报销单和有关发票结账，多退少补

项目	具体内容
职工借用款	单位职工因特殊原因需要借款时往往想到单位，要求借款暂用，一般单位会考虑职工的具体困难，以职工本人的工资作为应收账款的还款方式，从职工的工资中扣还
基建及修缮预付款	当单位进行某项工程建设时，工程预付款数额较大，且预付时间较长，有的单位大楼已使用多年，还没有对工程结算作一个了结，对这种预付款的结算，是在工程完工验收后由施工单位、建设单位等有关单位参与，办齐各种手续后，以决算价款入账，对预付基建款作冲回处理
	当单位发生较大的修理时，修理承包人员会预借部分经费，作为修缮购置必需品，但借款的数额往往比整个修缮工程款要少到一半以上
	这种借款的还款是修缮结束后，以结算总额的发票冲销，不足部分补给修理人员
外借资金	一些行政事业单位，账面上往往出现借给个人或有关单位的周转金，到期后，理应全额收回。许多单位多年来无人过问，长期挂账甚至有的对方单位早就不存在，形成呆账
押金、保证金	单位为购置特殊商品或接受特殊服务项目，往往要向对方单位付给保证金、押金，这种情况对单位来说业务不多，但往往疏于管理，如单位购置土地时，向土地管理部门付给的保证金，基建单位向有关单位缴纳的各种保证金，这些资金付出后，单位往往不管不问，长期挂在应收账款中

（2）应收账款的确认。是指对应收账款的范围和入账时间的确定。应收账款的范围一般包括销售商品、提供劳务等应收取的价款、增值税税款和代垫的运杂费等。

应收账款的形成与商品所有权的转移或者劳务价值的确认密切相关。因为应收账款是销售商品或者提供劳务而形成的一种债权，只要商品的所有权从卖方转向买方或者劳务已经提供，卖方（提供商品、劳务方）就拥有要求买方（接受商品、劳务方）在未来日期支付款项的权利。因此，应收账款的确认时间与赊账收入实现的时间应该是一致的。

收入的确认要同时符合5个条件：

1）已将商品所有权上的主要风险和报酬转移给购货方。

2）既没有保留通常与所有权相联系的继续管理权，也没有对售出商品实施有效控制。

3）收入的金额能够可靠的计量。

4）相关的经济利益很可能流入企业。

5）相关的已发生或将发生的成本能够可靠的计量。

（3）应收账款的账务核算。行政事业单位的"应收账款"属于资产类账户，借方登记发生的应收未收账款，贷方登记收回或转销的账款，期末余额一般在借方，反映企业尚未收回的应收账款（见表2-7）。

表2-7　应收账款的账务核算

业务内容		业务处理
发生应收账款时		借：应收账款 　贷：经营收入 　　　应缴税费——应缴增值税
收回应收账款时		借：银行存款 　贷：应收账款
逾期三年或以上无法收回的	转入待处置资产时	借：待处置资产损溢 　贷：应收账款
	报经批准予以核销时	借：其他支出 　贷：待处置资产损溢
	以核销应收账款在以后期间收回的	借：银行存款 　贷：其他收入

注：逾期三年或以上，有确凿证据表明确实无法收回的应收账款，按规定报经批准后予以核销。核销的应收账款应在备查簿中保留登记。

【案例15】发生应收账款账务处理

某行政事业单位2014年5月1日对A企业销售产品20000元，适用的增值税税率为17%。

借：应收账款　　　　　　　　　　　　　　　　　　　23400
　贷：经营收入　　　　　　　　　　　　　　　　　　20000
　　　应缴税费——应缴增值税　　　　　　　　　　　3400

某行政事业单位2014年5月10日对B企业提供经营性劳务取得50000元，款项尚未取得。

借：应收账款　　　　　　　　　　　　　　　　　　　50000
　贷：经营收入　　　　　　　　　　　　　　　　　　50000

【案例16】收回应收账款账务处理

假设行政事业单位与 B 企业约定折扣条件为 2/10、1/20、N/30，不考虑税费，B 企业于 2015 年 5 月 15 日付款。

借：银行存款　　　　　　　　　　　　　　　　49000
　　经营支出　　　　　　　　　　　　　　　　　1000
　　贷：应收账款　　　　　　　　　　　　　　　　　　50000

3. 预付账款

行政事业单位的预付账款是指行政事业单位按照购货、劳务合同规定预付给供应单位的款项。预付款项业务不多的行政事业单位，也可以将预付账款直接记入"应收账款"科目的借方，不设置"预付账款"科目。

预付账款逾期三年或以上、有确凿证据表明因供货单位破产、撤销等原因已无望再收到所购物资，且确实无法收回的预付账款，按规定报经批准后予以核销。核销的预付账款应在备查簿中保留登记。

为了加强对预付账款的管理，对预付账款可以单独设置"预付账款"账户核算。该账户属于资产类，借方登记预付和补付的款项，贷方登记收到货物、退回多付的款项或转入其他应收款时冲销的预付账款金额，期末借方余额反映企业实际预付的款项，如为贷方余额，反映企业尚未补付即少付的款项（见表 2-8）。

表 2-8　预付账款的账务核算

业务内容	业务处理
发生预付账款时	借：预付账款 　　贷：零余额账户用款额度 　　　　财政补助收入 　　　　银行存款
收到所购物资或劳务时	借：有关科目 　　贷：预付账款 　　　　零余额账户用款额度 　　　　财政补助收入 　　　　银行存款

业务内容		业务处理
收到所购固定资产、无形资产时		借：固定资产 　　无形资产 　　贷：非流动资产基金——固定资产、无形资产 同时，按资产购置支出 借：事业支出 　　经营支出 　　贷：预付账款 　　　　零余额账户用款额度 　　　　财政补助收入 　　　　银行存款
逾期三年或以上无法收回的	转入待处置资产时	借：待处置资产损溢 　　贷：预付账款
	报经批准予以核销时	借：其他支出 　　贷：待处置资产损溢
	已核销预付账款在以后期间收回的	借：银行存款 　　贷：其他收入

注：非流动资产基金是指，事业单位长期投资、固定资产、在建工程、无形资产等非流动资产占用的金额。

【案例17】 发生预付账款的账务处理

某行政事业单位按购货合同的规定，预付给甲公司20000元货款；事后单位收到甲公司发来的货物及开具的发票，货款金额为20000元，增值税额为3400元，该公司又补付了3400元的货款。

（1）支付预付款时：

借：预付账款　　　　　　　　　　　　　　　　　　　　20000

　　贷：银行存款　　　　　　　　　　　　　　　　　　20000

（2）收到货物结转预付账款时：

借：材料采购　　　　　　　　　　　　　　　　　　　　20000

　　应交税费——应交增值税（进项税额）　　　　　　　3400

　　贷：预付账款　　　　　　　　　　　　　　　　　　23400

（3）补付货款时：

借：预付账款　　　　　　　　　　　　　　　　　　　　3400

　　贷：银行存款　　　　　　　　　　　　　　　　　　3400

4. 其他应收款

其他应收款是指行政事业单位除财政应返还额度、应收票据、应收账款、预付账款以外的其他各项应收及暂付款项，如职工借出款、备用金、应向职工收取的各种垫付款项等。主要包括：①行政事业单位各部门拨付使用的备用金；②行政事业单位的对内、对外借款。

行政事业单位设置"其他应收款"科目是用来反映和监督其他应收款的发生和收回情况。该科目属资产类，借方登记企业各种应收、暂付款项的发生数，贷方登记各种应收、暂付款项的收回数。期末余额在借方，用来反映尚未收回或报销的应收款项和暂付款项。

表2-9　其他应收款的账务核算

业务内容		业务处理
发生其他各种应收及暂付款项时		借：其他应收款 　　贷：银行存款 　　　　库存现金
收回或转销其他各种应收及暂付款项时		借：库存现金 　　银行存款 　　贷：其他应收款
行政事业单位内部实行备用金制度的，有关部门使用备用金以后应及时到财务部门报销并补足备用金		财务部门核定并发放备用金时 借：其他应收款 　　贷：库存现金
		根据报销数用现金补足备用金定额时 借：其他应收款 　　贷：库存现金 注：报销数及拨补数都不再通过本科目核算
逾期三年或以上无法收回的	转入待处置资产时	借：待处置资产损溢 　　贷：其他应收款
	报经批准予以核销时	借：其他支出 　　贷：待处置资产损溢
	已核销其他应收款在以后期间收回的	借：银行存款 　　贷：其他收入

注：逾期三年或以上、有确凿证据表明确实无法收回的其他应收款，按规定批准后予以核销。核销的其他应收款应在备查簿中保留登记。

【案例18】职工预借的差旅费账务处理

某行政事业单位职工张三因业务活动出差预借差旅费2000元，实际开支了1500元，回来后报销，并退回了多余款。

（1）借款时：

借：其他应收款——张三差旅费   2000

    贷：库存现金   2000

（2）报销时：

借：事业支出   1500

    库存现金   500

    贷：其他应收款——张三差旅费   2000

【案例19】拨付给内部有关部门的备用金账务处理

某行政事业单位的下属报账单位领取备用金2000元，以银行存款支付；下属单位事业备用金购买业务活动所需的办公用品，共计2450元。

（1）领取备用金时：

借：其他应收款——备用金   2000

    贷：银行存款   2000

（2）报销时：

借：事业支出   2450

    贷：库存现金   2450

四、存货

行政事业单位的存货是指行政事业单位在业务及其他活动过程中为耗用或者为销售而储存的各种资产，包括材料、燃料、包装物和低值易耗品及达不到固定资产标准的用具、装具、动植物等的实际成本。

注意：行政事业单位随买随用的零星办公用品，可以在购进时不通过本科目核算，而是直接将其列作支出。

行政事业单位的存货应当按照其种类、规格、保管地点等进行明细核算，并建立备查登记簿。行政事业单位应当通过明细核算或辅助登记方式，登记取得存货成本的资金来源，进而区分财政补助资金、非财政专项资金和其他资金。

行政事业单位如果发生自行加工存货业务，应当在本科目下设置"生产成本"明细科目，归集核算自行加工存货所发生的实际成本，包括耗用的直接材料费用、发生的直接人工费用和分配的间接费用。

存货成本的计量方式如表 2 – 10 所示。

表 2 – 10　存货成本的计量

项目	具体内容
购入的存货	其成本包括购买价款、相关税费、运输费、装卸费、保险费以及其他使得存货达到目前场所和状态所发生的其他支出
	行政事业单位按照税法规定属于增值税一般纳税人的，其购进非自用材料所支付的增值税款不计入材料成本，如用于生产对外销售的产品
自行加工的存货	其成本包括耗用的直接材料费用、发生的直接人工费用和按照一定方法分配的与存货加工有关的间接费用
接受捐赠、无偿调入的存货	其成本按照有关凭据注明的金额加上相关税费、运输费等确定
	没有相关凭据的，其成本比照同类或类似存货的市场价格加上相关税费、运输费用等确定
	没有相关凭据、同类或类似存货的市场价格也无法可靠取得的，该存货按照名义金额入账，相关财务制度仅要求进行实物管理的除外
存货发出时	应根据实际情况采用先进先出法、加权平均法或个别计价法确定发出存货的实际成本
	计价方法一经确定，不得随意变更，低值易耗品的成本于领用时一次摊销
存货的盘点	行政事业单位的存货应当定期进行清查盘点，每年至少盘点一次。对于发生的存货盘亏，要及时查明原因，并按照固定资产的管理方法报经单位主管部门批准后方可进行账务处理
	盘盈的存货按照同类或类似存货的实际成本或市场价格确定入账价值
	同类或类似存货的实际成本、市场价格均无法可靠取得的，按照名义金额入账

在确定存货计价方法时，要坚持客观性原则和谨慎性原则，如实反映发出成本与期末存货价值。选择存货计价方法需要考虑的首要因素是存货的特点及其管理要求。其次就是存货计价方法对行政事业单位财务的影响。最后就是存货计价方法对实行内部成本核算的行政事业单位经营管理和业绩评价的影响。

存货计价方法的选择需要考虑上述多方面的因素，而采用任何一种方法都难以兼顾各方面的要求。

表 2-11 存货的账务核算

业务内容	业务处理
购入的存货验收入库	借：存货 　　贷：银行存款 　　　　应付账款 　　　　财政补助收入 　　　　零余额账户用款额度
属于增值税一般纳税人的行政事业单位购入非自用材料的	借：存货 　　应缴税费——应缴增值税（进项税额） 　　贷：银行存款 　　　　应付账款
自行加工的存货在加工过程中发生的各种费用	借：存货（生产成本） 　　贷：存货（领用材料相关的明细科目） 　　　　应付职工薪酬 　　　　银行存款
加工完成的存货验收入库	借：存货（相关明细科目） 　　贷：存货（生产成本）
接受捐赠、无偿调入的存货验收入库	借：存货 　　贷：银行存款 　　　　其他收入
按照名义金额入账的情况	借：存货 　　其他支出（按发生的相关税费、运输费等） 　　贷：其他收入 　　　　银行存款
开展业务活动领用、发出存货	借：事业支出 　　经营支出 　　贷：存货
对外捐赠、无偿调出存货，转入待处置资产时	借：待处置资产损溢 　　贷：存货
属于增值税一般纳税人的行政事业单位对外捐赠、无偿调出购进的非自用材料，转入待处置资产时	借：待处置资产损溢 　　贷：存货 　　　　应缴税费——应缴增值税（进项税额转出）
实际捐出、调出存货时	借：其他支出 　　贷：待处置资产损溢

续表

业务内容	业务处理
盘盈的存货	借：存货 贷：其他收入
盘亏或毁损、报废的存货，转入待处置资产时	借：待处置资产损溢 贷：存货
属于增值税一般纳税人的行政事业单位购进的非自用材料发生盘亏或毁损、报废的，转入待处置资产时	借：待处置资产损溢 贷：存货 应缴税费——应缴增值税（进项税额转出）
报经批准予以处置时	借：其他支出 贷：待处置资产损溢

【案例20】购入存货的账务处理

某行政事业单位2014年5月7日购入两批自用的材料A、B，A材料的含税价格为3000元，材料已验收入库，款项已通过银行转账付讫。B材料的含税价格为2500元，材料已验收入库，按照双方的购销合同，货款于6月7日前付清。

借：存货——A材料   3000

       ——B材料   2500

  贷：银行存款   3000

      应付账款   2500

【案例21】自行加工的存货账务处理

某行政事业单位2014年5月8日完工验收入库自行加工的存货甲产品1000件，单位成本12元，其中材料费用8元，直接人工费用2.6元，其他间接费用1.4元。

（1）自行加工的存货在加工过程中的账务处理：

借：存货——生产成本（甲产品）   12000

  贷：存货——甲材料   8000

       ——应付职工薪酬   2600

       ——银行存款   1400

（2）加工完成的存货验收入库

借：存货——甲产品   12000

  贷：存货——生产成本（甲产品）   12000

五、长期投资

行政事业单位的长期投资是指依法取得的持有时间超过1年（不含1年）的股权和债权性质的投资。行政事业单位应当严格遵照国家法律、行政法规以及财政部门、主管部门有关行政事业单位对外投资的规定。通常来讲，行政事业单位对长期投资的明细核算应按照其种类和被投资单位进行，可分为两大类，即长期股权投资和长期债权投资。

1. 长期股权投资

长期股权投资是指长期持有、不准备随时出售的投资，投资企业成为被投资企业的股东，按其所持股份的比例享有被投资单位权益分配权并承担责任。

注意：长期股权投资不能随时出售，投资企业一旦成为被投资单位的股东，依所持股份份额享有股东的权利并承担相应的义务，一般情况下不能随意抽回投资。

（1）长期股权投资的内容。企业持有的对子公司、联营企业及合营企业的投资；或不影响投资单位、没有报价在活跃市场、不能可靠计量公允价值的权益性投资。

（2）长期股权投资的账务处理。长期股权投资应以取得时的成本确定。长期股权投资取得时的成本，是指取得长期股权投资时支付的全部价款，或放弃非现金资产的公允价值，或取得长期股权投资的公允价值，包括税金、手续费等相关费用，不包括为取得长期股权投资所发生的评估、审计、咨询等费用（见表2－12）。

表2－12 长期股权投资的账务核算

业务内容	业务处理

以货币资金取得的长期股权投资	借：长期股权投资
	  贷：银行存款
	同时，按照投资成本金额
	借：事业基金
	  贷：非流动资产基金——长期投资

业务内容	业务处理
以固定资产取得的长期股权投资	借：长期股权投资 　　其他支出（相关税费） 　　贷：非流动资产基金——长期投资 　　　　银行存款 　　　　应缴税费 同时，按投出固定资产对应的非流动资产基金 借：非流动资产基金——固定资产 　　累计折旧 　　贷：固定资产
以已入账的无形资产取得的长期股权投资	借：长期股权投资 　　其他支出（相关税费） 　　贷：非流动资产基金——长期投资 　　　　银行存款 　　　　应缴税费 同时，按投出无形资产对应的非流动资产基金 借：非流动资产基金——固定资产 　　累计摊销 　　贷：无形资产
以未入账的无形资产取得的长期股权投资	借：长期股权投资 　　其他支出（相关税费） 　　贷：非流动资产基金——长期投资 　　　　银行存款 　　　　应缴税费
长期股权投资持有期间收到利润等投资收益时	借：银行存款 　　贷：其他收入——投资收益
转入长期股权投资，转入待处置资产时	借：待处置资产损溢——处置资产价值 　　贷：长期股权投资
实际转让时，按照所转让的长期股权投资对应的非流动资产基金	借：非流动资产基金——长期投资 　　贷：待处置资产损溢——处置资产价值
因被投资单位破产清算等原因	借：待处置资产损溢 　　贷：长期股权投资
报经批准予以核销时	借：非流动资产基金——长期投资 　　贷：待处置资产损溢

【案例22】 以货币资金购入长期股权投资的账务处理

某行政事业单位以100万元银行存款向其他单位进行股权投资，购买时缴纳的手续费为500元。

借：长期投资——股权投资　　　　　　　　　　　　　1000500
　　贷：银行存款　　　　　　　　　　　　　　　　　　　1000500
借：事业基金　　　　　　　　　　　　　　　　　　　　1000500
　　贷：非流动资产基金——长期投资　　　　　　　　　　1000500

【案例23】 以固定资产购入长期股权投资的账务处理

某行政事业单位以账面原价为200000元的固定资产对外进行投资，已经计提折旧57000元。该固定资产评估价值为150000元，各项税费合计10000元。

借：长期投资——股权投资　　　　　　　　　　　　　　160000
　　贷：非流动资产基金——长期投资　　　　　　　　　　160000
借：其他支出　　　　　　　　　　　　　　　　　　　　10000
　　贷：银行存款　　　　　　　　　　　　　　　　　　　10000
借：非流动资产基金——固定资产　　　　　　　　　　　143000
　　累计折旧　　　　　　　　　　　　　　　　　　　　57000
　　贷：固定资产　　　　　　　　　　　　　　　　　　　200000

2. 长期债权投资

行政事业单位无论是短期债券投资还是长期债券投资都计入"长期投资"（债券投资）。债券投资引起行政事业单位净资产结构的变化按照常规，以货币资金对外投资时，一般只是资金的形式变化，即由货币资产转变为"长期投资"，不会发生净资产的总额或结构的变化。但行政事业单位购入债券、转让债券或兑付债券时却会发生净资产结构的变化。

从《行政事业单位会计制度》与《行政事业单位会计准则（试行）》规定看，支付的款项计入投资成本，由于不涉及经营性收支业务时采用收付实现制进行核算，平时不计提利息收入，因此在持有期间也就不需摊销债券的溢价（或折价）。而将购入债券时发生的溢价（或折价）在转让或兑付时一次性地反映在兑付期的损益中，使行政事业单位债券投资的核算比企业大大简化（见表2-13）。

表 2 - 13　长期债权投资的财务核算

业务内容	业务处理
以货币资金购入的长期债券投资	借：长期债券投资 　　贷：银行存款 同时，按投资成本金额 借：事业基金 　　贷：非流动资产基金——长期投资
长期债券持有期间收到利息	借：银行存款 　　贷：其他收入——投资收益
对外转让或到期收回长期债券投资本息	借：银行存款 　　贷：长期债券投资 　　　　其他收入——投资收益 同时，按收回长期投资对应的非流动资产基金 借：非流动资产基金——长期投资 　　贷：事业基金

【案例24】取得阶段的账务处理

某行政事业单位用银行存款购入长期债券，买入的价款为 100000 元，另外支付购买债券时发生的手续费是 1500 元，价款与手续费都已支付。

借：长期投资——债券投资　　　　　　　　　　　　　101500

　　贷：银行存款　　　　　　　　　　　　　　　　　　101500

同时，

借：事业基金　　　　　　　　　　　　　　　　　　　101500

　　贷：非流动资产基金——长期投资　　　　　　　　　101500

【案例25】持有阶段的账务处理

某行政事业单位持有的长期债券投资，在持有期间获得了 3000 元的利息收入，已存入银行。

借：银行存款　　　　　　　　　　　　　　　　　　　3000

　　贷：其他收入——投资收益　　　　　　　　　　　　3000

【案例26】 收回阶段的账务处理

某行政事业单位将本单位的长期债券转让，债券账面价值为 100000 元，转让价格为 107000 元，已经存入银行。

借：银行贷款　　　　　　　　　　　　　　　　107000
　　贷：长期投资——债券投资　　　　　　　　　　　100000
　　　　其他收入——投资收益　　　　　　　　　　　　7000
同时，
借：非流动资产基金——长期投资　　　　　　　　100000
　　贷：事业基金　　　　　　　　　　　　　　　　100000

六、固定资产

行政事业单位的固定资产是指单位持有的使用期限超过 1 年（不含 1 年）、单位价值在规定标准以上，并在使用过程中基本保持原有物资形态的资产。

注意：如果单位价值未达到规定标准，但使用期限超过 1 年（不含 1 年）的大批同类物资，也应作为固定资产核算和管理。

1. 固定资产

行政事业单位的固定资产一般分为土地、建筑物及构筑物；专用设备；通用设备；图书、文物和陈列品；文字档案以及其他固定资产六大类（见表 2 - 14）。

表 2 - 14　固定资产分类及内容

土地、建筑物及构筑物	一般指供单位进行生产、生活或其他活动正在使用的土地资源，房屋或场所。如工业建筑、民用建筑、农业建筑和园林建筑等。 构筑物一般指不直接在内进行生产和生活活动的场所。如水塔、烟囱、栈桥、堤坝、蓄水池等
专用设备	单位专门针对某一种或某一类对象，实现一项或几项功能的设备
通用设备	通用设备则是用于制造和维修所需物质技术装备的各种生产设备的总称
图书、文物和陈列品	与单位有关的、保存一定期限的文物和陈列品。这类资产一般不作为长期投资入账，不作为固定资产入账，不存在计提折旧的问题
文字档案	与单位有关的文字资料、相关文档，一般不作为长期投资入账，不作为固定资产入账，不存在计提折旧的问题
其他固定资产	不同类型事业单位特有的、独有的资产

行政事业单位应当根据固定资产的定义，结合本单位的具体情况，制定适合本单位的固定资产目录、具体分类方法。同时，设置"固定资产登记簿"和"固定资产卡片"（见表2-15），按照固定资产类别、项目和使用部门等进行明细核算；出租、出借的，还应当设置备查簿进行登记。

表2-15 固定资产卡片

类别 年 月 日

编号		名称		新旧程度		财产来源	
牌号		规格		财产原值		来源时间	
数量		特征		已使用年限		保管地点	
所属设备							
折旧价格				折旧年限			
备注：							

在资产负债中以"固定资产"项目列示账面价值。不过，概念中对固定资产的描述比较笼统，如何对固定资产进行划定呢？可见表2-16：

表2-16 固定资产成本的确定

项目	具体内容
购入的固定资产	其成本包括购买价款、相关税费以及固定资产交付使用前所发生的归属于该项资产的运输费、装卸费、安装调试费和专业人员服务费等
	以一笔款项购入多项没有单独标价的固定资产，按照各项固定资产同类或类似资产市场价格的比例对总成本进行分配，分别确定各项固定资产的入账成本
自行建造的固定资产	其成本包括建造该项资产至交付使用前所发生的全部必要支出
	已交付使用但尚未办理竣工决算手续的固定资产，按照估计价值入账，待确定实际成本后再进行调整
在原有固定资产基础上进行改建、扩建、修缮后的固定资产	其成本按照原固定资产账面价值加上改建、扩建、修缮发生的支出，再扣除固定资产拆除部分的账面价值后的金额确定
	账面价值是指某会计科目的账面余额减去相关备抵科目（如"累计折旧"、"累计摊销"科目）账面余额后的净值
以融资租赁租入的固定资产	其成本按照租赁协议或者合同确定的租赁价款、相关税费以及固定资产交付使用前所发生的可归属于该项资产的运输费、途中保险费、暗转调试费等确定

续表

项目	具体内容
接受捐赠、无偿调入的固定资产	其成本按照有关凭据注明的金额加上相关税费、运输费等确定
	没有相关凭据的，其成本比照同类或类似固定资产的市场价格加上相关税费、运输费等确定
	没有相关凭据、同类或类似固定资产的市场价格也无法可靠取得的，该固定资产按照名义金额入账
盘盈的固定资产	按照同类或类似固定资产的市场价格确定入账价值
	同类或类似固定资产的市场价格无法可靠取得的，按照名义金额入账

　　行政事业单位的固定资产应当定期进行清查盘点，每年至少盘点一次。对于发生的固定资产盘盈、盘亏或报废、毁损，应当及时查明原因，按规定报经批准后进行账务处理（见表 2 - 17）。

表 2 - 17　固定资产的账务核算

业务内容	业务处理
购入不需安装的固定资产	借：固定资产 　　贷：非流动资产基金——固定资产 同时， 借：事业支出 　　经营支出 　　专用基金——修购基金 　　贷：财政补助收入 　　　　零余额账户用款额度 　　　　银行存款
购入需要安装的固定资产	进行安装时 借：在建工程（按实际支付的价款及相关费用） 　　贷：银行存款 发生安装费时 借：在建工程 　　贷：银行存款 安装完毕达到预定可使用状态 借：固定资产（按其实际成本） 　　贷：在建工程 同时， 借：非流动资产基金——在建工程 　　贷：在建工程

业务内容	业务处理
购入固定资产扣留质量保证金的	借：固定资产（不需安装） 　　在建工程（需要安装） 　　贷：非流动资产基金——固定资产 　　　　　　　　　　——在建工程 同时， 借：事业支出 　　经营支出 　　专用基金——修购基金 　　贷：财政补助收入 　　　　零余额账户用款额度 　　　　银行存款 　　　　其他应付款（扣留的质量保证金）
取得的发票不包括质量保证金的	借：事业支出 　　经营支出 　　专用基金——修购基金 　　贷：财政补助收入 　　　　零余额账户用款额度 　　　　银行存款
质保期满支付质量保证金时	借：其他应付款 　　长期应付款 　　事业支出 　　经营支出 　　专用基金——修购基金 　　贷：财政补助收入 　　　　零余额账户用款额度 　　　　银行存款
自行建造的固定资产，工程完工交付使用的	借：固定资产 　　贷：非流动资产基金——固定资产 同时， 借：非流动资产基金——在建工程 　　贷：在建工程

业务内容	业务处理
将固定资产转入改建、扩建、修缮时	借：在建工程 　　贷：非流动资产基金——在建工程 同时， 借：非流动资产基金——固定资产 　　累计折旧 　　贷：固定资产
工程完工交付使用时	借：固定资产 　　贷：非流动资产基金——固定资产 同时， 借：非流动资产基金——在建工程 　　贷：在建工程
融资租入的固定资产	借：固定资产（不需要安装） 　　在建工程（需安装） 　　贷：长期应付款 　　　　非流动资产基金——固定资产 　　　　　　　　　　　——在建工程 同时，支付相关税费、运输费、途中保险费、安装调试费 借：事业支出 　　经营支出 　　贷：财政补助收入 　　　　零余额账户用款额度 　　　　银行存款
定期支付租金时	借：事业支出 　　经营支出 　　贷：财政补助收入 　　　　零余额账户用款额度 　　　　银行存款 同时， 借：长期应付款 　　贷：非流动资产基金——固定资产
接受捐赠、无偿调入的固定资产	借：固定资产（不需要安装） 　　在建工程（需要安装） 　　其他支出（相关税费、运输费） 　　贷：非流动资产基金——固定资产 　　　　　　　　　　　——在建工程 　　　　银行存款

业务内容	业务处理
按月计提固定资产折旧	借：非流动资产基金——固定资产 　贷：累计折旧
将固定资产转入改建、扩建或修缮等时	借：在建工程 　贷：非流动资产基金——在建工程 同时， 借：非流动资产基金——固定资产 　　累计折旧 　贷：固定资产
为维护固定资产的正常使用而发生的日常修理等后续支出	借：事业支出 　　经营支出 　贷：财政补助收入 　　零余额账户用款额度 　　银行存款
出售、无偿调出、对外捐赠固定资产、转入待处置资产时	借：待处置资产损溢 　　累计折旧 　贷：固定资产
实际出售、调出、捐出时	借：非流动资产基金——固定资产 　贷：待处置资产损溢
以固定资产对外投资	借：长期投资 　　其他支出（相关税费） 　贷：非流动资产 　　银行存款 　　应缴税费 同时， 借：非流动资产基金——固定资产 　　累计折旧 　贷：固定资产
盘盈的固定资产	借：固定资产 　贷：非流动资产基金——固定资产
盘亏或毁损、报废的固定资产，转入待处置资产	借：待处置资产损溢 　　累计折旧 　贷：固定资产
报经批准予以处置时	借：非流动资产基金——固定资产 　贷：待处置资产损溢

【案例 27】 固定资产取得的账务处理

某行政事业单位通过政府采购购买业务用计算机 5 台，价款为 54825 元，验收合格交付使用，款项由财政直接支付。

借：固定资产　　　　　　　　　　　　　　　　54825
　　贷：非流动资产基金——固定资产　　　　　　　　54825

同时，

借：事业支出　　　　　　　　　　　　　　　　54825
　　贷：财政补助收入——财政直接支付　　　　　　　54825

【案例 28】 自行建造的账务处理

某行政事业单位 2013 年 5 月投资固定资产的修建，建造时投入资金 1500000 元，2014 年 5 月投入资金 250000 元，2014 年 10 月完工并交付使用。

（1）已办理竣工决算手续的固定资产。

2013 年 5 月：

借：在建工程　　　　　　　　　　　　　　　1500000
　　贷：非流动资产基金——在建工程　　　　　　　1500000

2014 年 5 月：

借：在建工程　　　　　　　　　　　　　　　250000
　　贷：非流动资产基金——在建工程　　　　　　　250000

2014 年 10 月：

借：固定资产　　　　　　　　　　　　　　　1750000
　　贷：非流动资产基金——在建工程　　　　　　　1750000

同时，

借：非流动资产基金——在建工程　　　　　　　1750000
　　贷：在建工程　　　　　　　　　　　　　　　1750000

（2）已交付使用但尚未办理竣工决算手续的固定资产的会计处理与已办竣工决算手续的固定资产基本一致，只是固定资产入账价值是估计价值，待确定实际成本后还要进行调整。

【案例 29】 融资租赁租入的固定资产的账务处理

某行政事业单位与供应商签订协议购买一项不需要安装的固定资产，价款为 210000 元，分三期平均支付，在支付第一期款项时，供应商提供固定资产，该项支出由财政直接支付。

（1）支付第一期款项时：

借：固定资产	210000
贷：长期应付款	70000
非流动资产基金——固定资产	140000

同时，

| 借：事业支出 | 70000 |
| 贷：财政补助收入——财政直接支付 | 70000 |

（2）支付第二期和第三期款项时：

| 借：长期应付款 | 70000 |
| 贷：非流动资产基金——固定资产 | 70000 |

同时，

| 借：事业支出 | 70000 |
| 贷：财政补助收入——财政直接支付 | 70000 |

【案例30】 持有固定资产计提折旧的账务处理

某行政事业单位有一栋办公用房，原价为 3000000 元，预计可使用 20 年，按平均年限法计提折旧，月折旧额为 12500 元。

| 借：非流动资产基金——固定资产 | 12500 |
| 贷：累计折旧 | 12500 |

【案例31】 持有固定资产后续支出的账务处理

某行政事业单位开展业务的专用设备需要进行日常修理，发生修理费 1000 元，费用由银行存款支付。

| 借：事业支出 | 1000 |
| 贷：银行存款 | 1000 |

【案例32】 固定资产处置的账务处理

某行政事业单位报经批准将本单位拥有但未使用的一辆卡车无偿调拨给另一个单位使用，卡车费账面价值为 133000 元，该资产的账面余额为

190000 元。

　　借：待处置资产损溢　　　　　　　　　　　133000
　　　累计折旧　　　　　　　　　　　　　　57000
　　　贷：固定资产　　　　　　　　　　　　　　　190000
　　同时，
　　借：非流动资产基金——固定资产　　　　　133000
　　　贷：待处理资产损溢　　　　　　　　　　　　133000

　　2. 累计折旧
　　行政事业单位固定资产计提的累计折旧应按照所对应固定资产的类别、项目等进行明细核算。行政事业单位可以计提折旧的固定资产不包括：文物和陈列品；动、植物；图书、档案；以名义金额计量的固定资产。
　　折旧是指在固定资产使用寿命内，按照确定的方法对应折旧金额进行系统分摊。行政事业单位固定资产的折旧具体说明如下：
　　（1）行政事业单位应当根据固定资产的性质和实际使用情况，合理确定其折旧年限。省级以上财政部门、主管部门对行政事业单位固定资产折旧年限作出规定的，从其规定。
　　（2）行政事业单位一般应当采用年限平均法或工作量法计提固定资产折旧。
　　（3）行政事业单位固定资产的应折旧金额为其成本，计提固定资产折旧不考虑预计净残值。
　　（4）行政事业单位一般应当按月计提固定资产折旧。当月增加的固定资产，当月不提折旧，从下月起计提折旧；当月减少的固定资产，当月照提折旧，从下月起不提折旧。
　　（5）固定资产提足折旧后，无论能否继续使用，均不再计提折旧；提前报废的固定资产，也不再补提折旧。已提足折旧的固定资产，可以继续使用的，应当继续使用，规范管理。
　　（6）计提融资租入固定资产折旧时，应当采用与自有固定资产相一致的折旧政策。
　　（7）能够合理确定租赁期届满时将会取得租入固定资产所有权的，应当在租入固定资产尚可使用年限内计提折旧。
　　（8）无法合理确定租赁期届满时能够取得租入固定资产所有权的，应当在租赁期与租入固定资产尚可使用年限两者中较短的期间内计提折旧。
　　（9）固定资产因改建、扩建或修缮等原因而延长其使用年限的，应当按照重新确定的固定资产的成本已经重新确定的折旧年限，重新计算折旧额。

累计折旧期末贷方的余额一般用来反映行政事业单位计提的固定资产折旧累计数（见表 2-18）。

表 2-18　累计折旧的账务核算

业务内容	业务处理
按月计提固定资产折旧时	借：非流动资产基金——固定资产 　　贷：累计折旧
固定资产处置时	借：待处置资产损溢 　　累计折旧 　　贷：固定资产

【案例33】计提折旧的账务处理

某行政事业单位采用平均年限法提取固定资产折旧，该固定资产入账的原始价值为 225000 元，预计使用年限为 5 年。

月折旧额 =225000÷（5×12）=3750（元）

借：非流动资产基金——固定资产　　　　　　　　　3750

　　贷：累计折旧　　　　　　　　　　　　　　　　　　3750

某行政事业单位 2014 年 5 月购入一辆价值为 180000 元的汽车，预计可运行 500000 公里，采用工作量法计提折旧。2014 年 7 月该汽车行驶里程为 3000 公里。

月折旧额 =（180000÷500000）×3000=1080（元）

借：非流动资金基金——固定资产　　　　　　　　　1080

　　贷：累计折旧　　　　　　　　　　　　　　　　　　1080

七、在建工程

行政事业单位的在建工程是指已经发生的必要支出，但尚未完工交付使用的各种建筑（包括新建、改建、扩建、修缮等）和设备安装工程的实际成本。单位应当按照工程性质和具体工程项目进行明细核算。

1. 单独建账、单独核算

财政部新修订发布的《事业单位会计制度》，要求事业单位对于基建投资，应按照基建会计核算规定单独建账、单独核算，同时，当在本科目下设置"在建工程"明细科目，核算由基建账套并入的在建工程成本（见表 2-19）。

表 2-19　在建工程的财务核算

业务内容		业务处理
建筑工程	将固定资产转入改建、扩建或修缮等时	借：在建工程 　　贷：非流动资产基金——在建工程 同时， 借：非流动资产基金——固定资产 　　累计折旧 　　贷：固定资产
	根据工程价款结算账单与施工企业结算工程价款时	借：在建工程 　　贷：非流动资产基金——在建工程 同时， 借：事业支出 　　贷：财政补助收入 　　　　零余额账户用款额度 　　　　银行存款
	行政事业单位为建筑工程借入的专门借款的利息，属于建设期间发生的	借：在建工程 　　贷：非流动资产基金——在建工程 同时， 借：其他支出 　　贷：银行存款
	工程完工交付使用时	借：固定资产 　　贷：非流动资产基金——固定资产 同时， 借：非流动资产基金——在建工程 　　贷：在建工程
设备安装	购入需要安装的设备	借：在建工程 　　贷：非流动资产基金——在建工程 同时， 借：事业支出 　　经营支出 　　贷：财政补助收入 　　　　零余额账户用款额度 　　　　银行存款

业务内容		业务处理
设备安装	融资租入需要安装的设备	借：在建工程 　　贷：长期应付款 　　　　非流动资产基金——在建工程 同时， 借：事业支出 　　经营支出 　　贷：财政补助收入 　　　　零余额账户用款额度 　　　　银行存款
	发生安装费用	借：在建工程 　　贷：非流动资产基金——在建工程 同时， 借：事业支出 　　经营支出 　　贷：财政补助收入 　　　　零余额账户用款额度 　　　　银行存款
	设备安装完工交付使用时	借：固定资产 　　贷：非流动资产基金——固定资产 同时， 借：非流动资产基金——在建工程 　　贷：在建工程

注：在建工程期末余额在借方，用来反映行政事业单位尚未完工的在建工程发生的实际成本。

【案例34】固定资产转入改建、扩建或修缮的账务处理

某行政事业单位将其拥有的一栋办公楼进行改建、扩建，办公楼入账的原始价值为6000000元，已计提折旧750000元。

借：在建工程	6000000
贷：非流动资产基金——在建工程	6000000
同时，	
借：非流动资产基金——固定资产	6000000
累计折旧	750000
贷：固定资产	6750000

【案例35】 工程价款的结算的账务处理

假设上述案例中，在建工程施工过程中，施工企业为改建、扩建投入材料和人工，共计 1500000 元，通过财政授权支付方式支付，施工企业与行政事业单位结算工程款。

借：在建工程 1500000
　　贷：非流动资产基金——在建工程 1500000
同时，
借：事业支出 1500000
　　贷：零余额账户用款额度 1500000

【案例36】 建筑工程的借款利息账务处理

假设上述案例中行政事业单位为建筑工程借入的专门借款，属于建设期间发生的利息费用为 30000 元，用银行存款支付。

借：在建工程 33750
　　贷：非流动资产基金——在建工程 33750
同时，
借：其他支出 33750
　　贷：银行存款 33750

【案例37】 工程完工交付使用的账务处理

假设上述行政事业单位的工程完工交付行政事业单位使用。
借：固定资产 6783750
　　贷：非流动资产基金——固定资产 6783750
借：非流动资产基金——在建工程 6783750
　　贷：在建工程 6783750

2. 基建账如何并入"大账"

在按照基建会计核算规定单独建账、单独核算的同时，将基建账相关数据至少按月并入单位会计"大账"。但制度对"根据基建账中相关科目的发生额按月并账"的具体账务处理未作规定，在《新旧事业单位会计制度有关衔接问题的处理规定》中，也只对 2012 年 12 月 31 日基建账中相关科目余额并账业务作了具体说明。那么，事业单位应如何"按月并入大账"呢？下面结合一个案例来分析一下：

【案例38】

某事业单位（已实行国库集中支付）实验综合楼工程项目，是发改部门集中安排的建设项目。2013年1月，发生了以下会计业务（基建账单独核算）：

（1）根据×施工企业工程价款结算单、税务发票等资料，应支付工程进度款100万元，单位通过财政直接支付90万元，欠付工程款10万元。

支付工程进度款：

借：建筑安装工程投资——建筑工程投资——实验综合楼   100

    贷：基建拨款——本年预算拨款   90

        应付工程款——×施工企业   10

（2）收到×社会团体捐赠30万元，指定用于购置实验设备，结余资金留单位使用；单位购置该设备28万元（不需要安装，入库后交付使用），结余资金2万元。

收到捐赠：

借：银行存款   30

    贷：基建拨款——本年其他基建拨款——捐赠   30

借：设备投资——不需要安装设备投资   28

    贷：银行存款   28

借：交付使用资产——固定资产   28

    贷：设备投资——不需要安装设备投资   28

（3）收到上级主管部门拨付补助资金20万元（未纳入同级财政预算），用于实验楼建设。

收到拨付补助：

借：银行存款   20

    贷：基建拨款——本年其他基建拨款——上级补助   20

（4）用上级补助资金支付监理公司监理费5万元。

支付监理费：

借：待摊投资——监理费   5

    贷：银行存款   5

（5）通过财政直接支付预付×公司电梯设备款20万元。

支付电梯设备款：

借：预付工程款——×公司   20
  贷：基建拨款——本年预算拨款   20

八、无形资产

行政事业单位的无形资产是指单位持有的没有实物形态费可辨认非货币性资产，包括专利权、商标权、著作权、土地使用权、非专利技术等。

与固定资产一样，财会人员在对无形资产的划定上仍需要更详细地进行了解。尤其是比较容易忽略的要格外注意，如行政事业单位购入的不构成相关硬件中不可缺少的组成部分的应用软件，应当视为无形资产。

表 2 - 20 无形资产的分类及内容

项目	具体内容
外购的无形资产	其成本包括购买价款、相关税费以及可归属于该项资产达到预定用途所发生的其他支出
委托软件公司开发软件	视同外购无形资产进行账务处理
接受捐赠、无偿调入的无线资产	其成本按照相关凭据注明的金额加上相关税费等确定
	没有相关凭据的，其成本比照同类或类似无形资产的市场价格加上相关税费等确定
	没有相关凭据、同类或类似无形资产的市场价格也无法可靠取得的，该资产按照名义金额入账

预期不能为行政事业单位带来服务潜力或经济利益的无形资产，应当按照规定报经批准后将该无形资产的账面价值予以核销（见表 2 - 21）。

表 2 - 21 无形资产的财务核算

业务内容	业务处理

购入的无形资产	借：无形资产
	  贷：非流动资产基金——无形资产
	同时，
	借：事业支出
	  贷：财政补助收入
	    零余额账户用款额度
	    银行存款

业务内容	业务处理
支付软件开发费时	借：事业支出 　　贷：财政补助收入 　　　　零余额账户用款额度 　　　　银行存款
软件开发完成交付使用时	借：无形资产 　　贷：非流动资产基金——无形资产
自行开发并按法律程序申请取得的无形资产	借：无形资产 　　贷：非流动资产基金——无形资产 同时， 借：事业支出 　　贷：财政补助收入 　　　　零余额账户用款额度 　　　　银行存款
依法取得前所发生的研究开发支出	借：事业支出 　　贷：银行存款
接收捐赠、无偿调入的无形资产	借：无形资产 　　其他支出（相关税费） 　　贷：非流动资产基金——无形资产 　　　　银行存款
按月计提无形资产摊销	借：非流动资产基金——无形资产 　　贷：累计摊销
为维护无形资产的正常使用而发生的后续支出	借：事业支出 　　贷：财政补助收入 　　　　零余额账户用款额度 　　　　银行存款
转让、无偿调出、对外捐赠无形资产，转入待处置资产时	借：待处置资产损溢 　　累计摊销 　　贷：无形资产
实际转让、调出、捐出时	借：非流动资产基金——无形资产 　　贷：待处置资产损溢

续表

业务内容	业务处理
已入账无形资产对外投资	借：长期投资 　　其他支出 　　贷：非流动资产基金——长期投资 　　　　银行存款 　　　　应缴税费 同时， 借：非流动资产基金——无形资产 　　累计摊销 　　贷：无形资产
转入待处置资产时	借：待处置资产损溢 　　累计摊销 　　贷：无形资产
报经批准予以核销时	借：非流动资产基金——无形资产 　　贷：待处置资产损溢

　　行政事业单位无形资产计提的累计摊销应当按照确定的方法对应摊销金额进行系统分摊，如表 2 - 22 所示。

表 2 - 22　无形资产计提的累计摊销

名称	具体内容	
无形资产的摊销	行政事业单位无形资产摊销年限的确定	法律规定了有效年限的，按照法律规定的有效年限作为摊销年限
		法律没有规定有效年限的，按照相关合同或单位申请书中的受益年限作为摊销年限
		法律没有规定有效年限、相关合同或单位申请书，也没有规定受益年限的，按照不少于 10 年的期限摊销
	行政事业单位应当采用年限平均法对无形资产进行摊销	
	行政事业单位无形资产的应摊销金额为其成本	
	行政事业单位应当自无形资产取得当日起，按月计提无形资产摊销	
	因发生后续支出而增加无形资产成本的，应当按照重新确定的无形资产成本，重新计算摊销额	

　　累计摊销的期末余额一般在贷方，反映行政事业单位计提的无形资产摊销累计数（见表 2 - 23）。

表 2 - 23　无形资产累计摊销的财务核算

业务内容	业务处理
按月计提无形资产摊销时	借：非流动资产基金——无形资产 　　贷：累计摊销
无形资产处置时	借：待处置资产损溢 　　　累计摊销 　　贷：无形资产

【案例39】无形资产累计摊销的账务处理

某行政事业单位2014年8月购入一项专利技术，原始成本为240000元，法律规定的有效年限为10年。行政事业单位在2014年9月计提摊销了2000元。

借：非流动资产基金——无形资产　　　　　　　　　　　2000

　　贷：累计摊销　　　　　　　　　　　　　　　　　　　　　2000

九、短期投资

短期投资指的是事业单位购入的，能够随时变现的，并且持有时间不超过1年（含1年）的有价证券，以及股票、债券、基金等其他投资。这种投资形式大大活跃了闲余资金的流通性。如当单位资金过多时就可以用部分资金作短期投资，购买股票、国库券之类的有价证券，以获得更高的收益。当现金不足时，又可以将投资出售获取现金。

1. 短期投资的计价方法

在会计报表编制过程中，这些短期投资通常都需要编制在内，那么如何来计价呢？常用的方法有三种，分别为成本法、市价法以及成本与市价孰低法。

（1）成本法。在会计报表编表日，忽略市场价格的变化，以投资取得时的"成本计价"直至出售，只有损益才计入损益表。大多数单位采用这种方法，好处在于能向决策者提供更为可靠的信息，反映现金流量情况。

（2）市价法。在会计报表编表日，将短期投资调整为现行市，市价与成本之间的差额计入当期损益。这种方法仅限于权益性证券，如普通股、优先股等，不适应于债务证券。

这一方法能够更及时地提供有关短期投资效果的信息，也能反映流动性和财务弹性，而且，市价也是可以验证的，其可靠性并不比成本差。不过，企事业单位并没有普遍运用这一方法，保险公司、证券商等采用的较多。

（3）成本与市价孰低法。这种方法是前两种方法的一个综合，是指在会计报表编表日，比较短期投资的市价和账面成本（既可以是部分额比较，也可以将每一种证券单独比较，通常采取总额比较）。以两者较低者作为短期投资的价值，两者的差额计入当期损益。

采用这种方法时，可以先设置一个用于反映低于成本的部分备抵账户，当市价上涨时，将上涨后的市价与原市价的差额冲减备抵账户。值得注意的是，冲减后的备抵账户不应出现借方余额，即短期投资的账面价值不得高于取得短期投资时的原始成本。

2. 短期投资入账问题

短期投资在入账时比较麻烦，因为这部分投资可以计入不同的账目。如固定资产、无形资产或长期投资。在此基础上，还可以分为两大部分：一是不涉及补价的，二是涉及补价的。两大部分需要单独计算，我们以隶属于固定资产一部分为例：

（1）以固定资产作为短期投资，且不涉及补价。

借：固定资产清理（按换出固定资产账面净值加上应支付的相关税费）
　　累计折旧（按换出固定资产已计提的折旧）
　　　贷：固定资产（按换出固定资产的账面原价）
　　　固定资产减值准备（按换出固定资产已计提的减值准备）
　　　银行存款（应支付的相关费用）
　　　应交税金（按应支付的相关税金）

借：短期投资——××股票和债券、基金（按"固定资产清理"科目的余额）
　　　贷：固定资产清理

（2）以固定资产作为短期投资，涉及补价。

借：固定资产清理（按换出固定资产的账面净值加上应支付的相关税费）
　　累计折旧（按换出固定资产已计提的折旧）
　　　贷：固定资产（按换出固定资产的账面原价）
　　　固定资产减值准备（按换出固定资产已计提的减值准备）
　　　银行存款（应支付的相关费用）
　　　应交税金（按应支付的相关税金）

借：银行存款（按收到的补价）
　　　贷：固定资产清理

借：固定资产

　　贷：营业外收入——非货币性交易收益（应确认的收益）

借：短期投资——××股票、债券、基金（按"固定资产清理"科目的余额）

　　贷：固定资产清理

（3）涉及补价的，支付补价。

借：固定资产清理（按换出固定资产的账面净值加上应支付相关税费）

　　累计折旧（按换出固定资产已计提的折旧）

　　贷：固定资产（按换出固定资产的账面原价）

　　　　固定资产减值准备（按换出固定资产已计提的减值准备）

　　　　银行存款（应支付的相关费用）

　　　　应交税金（按应支付的相关税金）

借：固定资产清理

　　贷：银行存款（按支付的补价）

借：短期投资——××股票、债券、基金（按固定资产清理科目的余额）

　　贷：固定资产清理

注意：还可以"无形资产"、"长期投资"换入作为短期投资的股票、债券、基金等。其记账方式与"投资"记账的方式相似。

【案例40】

某单位 2013 年从银行买入按年付息的 A 企业债券 100000 元，2 月收到 2001 年债券利息 5000 元；3 月将 A 企业债券以 107000 元卖出；2014 年 4 月以银行存款 164250 元从证券市场购入的股票 B 作为短期投资，2014 年 5 月 B 公司宣告并分派现金股利 4250 元，2014 年 6 月以 170000 元卖出（B 企业适用的所得税税率为 15%）。

则该操作应作会计处理如下：

2013 年 1 月，购买短期债券时：

借：短期投资——债券 A　　　　　　　　　　　　　95000

　　应收利息　　　　　　　　　　　　　　　　　　5000

　　贷：银行存款　　　　　　　　　　　　　　　　　　100000

（对实际支付的价款中包括已到付息期但尚未领取的债券利息 5000 元，应作为应收项目单独核算，不包括在债券的初始投资成本中，税法也认同会计的这种做法。）

2014 年 2 月，收到 2013 年债券利息时：

借：银行存款   5000
　　贷：应收利息   5000

（收到购买时已到付息期但尚未领取的债券利息 5000 元，只冲减已记录的应收利息，不冲减短期债券的初始投资成本，税法也认同会计的这种做法。）

2014 年 3 月，处置短期债券时：

借：银行存款   107000
　　贷：短期投资——债券 A   95000
　　　　投资收益——短期投资处置收益   12000

第二节　行政事业单位负债的核算

一、负债概述

行政事业单位负债是指由过去或现在业已发生的经济业务引起的，需要行政事业单位在将来以支付现金、银行存款、其他资产或提供劳务等形式来抵偿的一切经济负担。具体的表现形式为应付及预收款项、应缴国库款、应缴财政专户款、应缴税费、长期借款、长期应付款、短期借款等。行政事业单位的负债应当按照实际发生数额记账。这些都可统称为行政事业单位的负债。行政事业单位的负债具有以下特点（见表 2 - 24）。

表 2 - 24　行政事业负债的特点

项目	具体内容
债务主体的特殊性	行政事业单位属于非营利组织，其业务活动主要是为社会服务，因此，其债务主体既具有一般债务主体的特征，又具有非营利组织负债的特征
债务偿还的一般性	对于行政事业单位而言，虽然行政事业单位属于非营利组织，但是其债务的偿还是以资产或劳务偿还，与企业偿债的定义没有差别
负债内容上的特殊性	行政事业单位会计核算的负债除了一般会计核算的暂收、应付等往来款项外，还包括按照规定应缴的款项，具体表现为应当上缴国库或财政专户的款项、应缴税费等
	行政事业单位的负债可分为有偿性负债和无偿性负债，有偿性负债是指行政事业单位需偿还利息的负债；无偿性负债是指无须偿付利息的负债

行政事业单位的负债按照流动性分为流动资产和非流动资产两大类。

1. 流动负债

行政事业单位的流动负债，是指预期在 1 年内（含 1 年）偿还的负债，一般包括短期借款、应付及预收款项、应付职工薪酬、应缴款项等。

2. 非流动负债

非流动负债是指流动负债以外的负债。行政事业单位的非流动负债包括长期借款、长期应付款等。

3. 负债的管理

行政事业单位的负债应当按照合同金额或实际发生额进行计量。行政事业单位应对不同种类负债分别管理；及时清理并按规定办理结算；保证各项负债在规定期限内归还。

（1）行政事业单位负债的确认和计量。按制度规定设置"借入款项"、"应付票据"、"应付账款"、"预收账款"、"其他应付款"、"应缴预算款"、"应缴财政专户款"、"应缴税金"科目，根据权责发生制原则确认，按实际发生数额计量，运用借贷记账法记账。

行政事业单位各项负债应当按照实际发生额入账，负债金额需要估量的，应当合理预计，对于已经发生的数额需要估量的，应当合理预计入账，待实际数确定后再调整。各项负债应当及时清理并按照规定办理结算，保证各项负债在规定期限内归还，不得长期挂账。

（2）行政事业单位负债的报表列示。在资产负债表中"负债类"下按偿还期限从短至长和重要性原则分项列示，依次为借入款项、应付票据、应付账款、预收账款、其他应付款、应缴预算款、应缴财政专户款、应交税金。

（3）行政事业单位负债的核算。行政事业单位负债核算的内容包括借入款项、应付账款、预收账款、应付工资、应付地方（部门）津贴补贴、应付其他个人收入及各种应缴款项等。其核算内容包括两个方面：

1）行政事业单位代收的各种款项，如代收的预算资金、代收的预算外资金，在实际收到但尚未上缴时，应作为负债入账。

2）行政事业单位借入款项，一般不预计利息支出，实际支付利息时，将其计入事业支出或经营支出。

二、应付及预收款项

1. 应付票据

应付票据是指行政事业单位购买商品物资时所开出、承兑的商业汇票，包括银行承兑汇票和商业承兑汇票。

按国家有关规定，单位之间只有在商品交易的情况下，才能使用商业汇票结算方式。在会计核算中，购买商品在采用商业汇票结算的方式下，如果开出的是商业承兑汇票，必须由付款方承兑；如果是银行承兑的汇票，必须经银行承兑。在商业汇票尚未到期前，视为一笔负债，期末反映在资产负债表上的应付票据项目内。

对行政事业单位购买商品物资时开出承兑的商业汇票，在会计核算上应设置"应付票据"科目，反映这项负债的现存义务（见表2－25）。

表 2－25　应付票据的财务核算

业务内容		业务处理
开出、承兑商业汇票时		借：存货 　　贷：应付票据
支付银行承兑汇票的手续费时		借：事业支出 　　经营支出 　　贷：银行存款
商业汇票到期时	收到银行支付到期票据的付款通知时	借：应付票据 　　贷：银行存款
	银行承兑汇票到期，本单位无力支付票款的	借：应付票据 　　贷：短期借款
	商业承兑汇票到期，本单位无力支付票款的	借：应付票据 　　贷：应付账款

行政事业单位还应当设置"应付票据备查簿"，详细登记每一应付票据的种类、号数、出票日期、到期日、票面金额、交易合同号、收款人姓名或单位名称，以及付款日期和金额等资料。应付票据到期结清票款后，应当在备查簿内逐笔注销。

理论上应付票据均应折现，按现值计价。但如果行政事业单位在其经济活动中出具的应付票据，由于发票日与到期日相距很短，其到期值与折现值很接近，可以直接按面值入账。

【案例41】带息应付票据的账务处理

某行政事业单位购入一批材料，材料成本为40000元，增值税额为6800

元。为购入这批材料，A 行政事业单位开具了一张为期 3 个月、年利率为 12% 的商业汇票。已知该行政事业单位实行成本核算。

购入材料时：

借：存货——材料　　　　　　　　　　　　　　　　40000

　　应缴税费——应缴增值税（进项税额）　　　　　6800

　　贷：应付票据　　　　　　　　　　　　　　　　　46800

票据到期偿还时：利息 $= 23400 \times 12\% \times 3 \div 12 = 602$（元）

借：经营支出　　　　　　　　　　　　　　　　　　1204

　　应付票据　　　　　　　　　　　　　　　　　　46800

　　贷：银行存款　　　　　　　　　　　　　　　　　48008

【案例 42】不带息应付票据的账务处理

某行政事业单位采用商业汇票结算方式购入了一批材料，根据增值税专用发票，购入材料的实际成本为 60000 元，增值税额为 10200 元，对方代垫运杂费为 3000 元，材料已验收。该单位开出 3 个月承兑的商业汇票，用银行存款支付运杂费。

购入材料，根据增值税专用发票：

借：存货材料　　　　　　　　　　　　　　　　　　60000

　　应缴税费——应缴增值税（进项税额）　　　　　10200

　　贷：应付票据　　　　　　　　　　　　　　　　　70200

支付对方代垫的运杂费时：

借：材料　　　　　　　　　　　　　　　　　　　　3000

　　贷：银行存款　　　　　　　　　　　　　　　　　3000

2. 应付账款

应付账款是指因购买材料、商品或接受劳务供应等而发生的债务，是买卖双方在购销活动中由于取得物资与支付货款在时间上不一致而产生的负债。

在行政事业单位会计核算中，应付账款的主要会计问题是登记入账时间和金额的确定。应付账款入账时间的确定，应以购买物资的所有权转移或接受劳务已发生作为标志。由于交易而产生的应付账款，在我国行政事业单位会计核算上设置"应付账款"科目进行核算。该科目主要适用于实行成本费用核算的行政事业单位，不实行成本费用核算的行政事业单位可不设此科目进行核算（见表 2 - 26）。

表 2-26   应付账款的账务核算

业务内容	业务处理
购入材料、物资等已验收入库但货款尚未支付的	借：存货 　　贷：应付账款
偿付应付账款时	借：应付账款 　　贷：银行存款
开出、承兑商业汇票抵付应付账款	借：应付账款 　　贷：应付票据
无法偿付或债权人豁免偿还的应付账款	借：应付账款 　　贷：其他收入

【案例43】应付账款的账务处理

某行政事业单位3月1日购入一批材料，根据增值税专用发票，购入材料的实际成本为60000元，增值税额为10200元，材料已验收入库，货款未付。

借：存货——材料　　　　　　　　　　　　　　　　60000
　　应缴税费——应交增值税（进项税额）　　　　　10200
　　贷：应付账款　　　　　　　　　　　　　　　　　　70200

3. 预收账款

预收账款是指行政事业单位按照合同规定向购货单位或接受劳务单位预收的款项。行政事业单位有时在销售产品或提供劳务以前，按合同规定，要向购货单位或接受劳务单位预收部分或全部款项。这些预收款项需要行政事业单位在一定时间内以交付货物或提供劳务来予以偿付。收到的款项是行政事业单位预收的账款，构成行政事业单位一项负债，如预收货款、租金、报纸杂志订阅费等。在行政事业单位按照合同如期交货或提供劳务以后，预收账款才转为收入，债务才得以解除。

预收账款的核算，应视单位的具体情况而定。如果预收账款比较多，可以设置"预收账款"科目；预收账款不多的单位，也可将预收的账款直接记入"应收账款"科目的贷方（见表2-27）。

表 2 - 27　预收账款的账务核算

业务内容	业务处理
从付款方预收款项时	借：银行存款 　　贷：预收账款
确认有关收入时	借：预收账款 　　贷：经营收入 　借或贷：银行存款（补付或退回金额）
无法偿付或债权人豁免偿还的预收账款	借：预收账款 　　贷：其他收入

【案例 44】预收账款的账务处理

甲行政事业单位 3 月 1 日预收 A 公司货款 30000 元，存入银行；3 月 10 日将货物发给 A 公司，货物价款为 35100 元；3 月 11 日收到 A 公司转付的余款。

收到 A 公司预付的货款时：

借：银行存款　　　　　　　　　　　　　　　　　　　30000
　　贷：预收账款——A 公司　　　　　　　　　　　　　30000

发出货物后，收到 A 公司补付的余款时：

借：预收账款——A 公司　　　　　　　　　　　　　　30000
　　银行存款　　　　　　　　　　　　　　　　　　　35100
　　贷：经营收入——产品销售收入　　　　　　　　　　65100

4. 其他应付款

其他应付款是指行政事业单位应付、暂收其他单位或个人的款项。如租入固定资产的租金、存入保证金、应付统筹退休金、个人交存的住房公积金以及应付给投资者的收益等。这些应付暂收的款项在行政事业单位往往很多，而且也是其他应付款核算的内容。

表 2 - 28　其他应付款的账务核算

业务内容	业务处理
发生其他各项应付及暂收款项时	借：银行存款 　　贷：其他应付款

续表

业务内容	业务处理
支付其他应付款时	借：其他应付款 　　贷：银行存款
无法偿付或债权人豁免偿还的其他应付款项	借：其他应付款 　　贷：其他收入

【案例45】其他应付款的账务处理

D 行政事业单位是实行内部成本核算的行政事业单位，3 月 10 日发生的业务有：经营租入一台机器，应支付租赁费 3000 元；根据退休金统筹办法，按期提取统筹退休金 4000 元；收到包装物的押金 1200 元，已存入银行。

计提应支付机器的租赁费时：

借：经营支出　　　　　　　　　　　　　　　　3000

　　贷：其他应付款　　　　　　　　　　　　　　　3000

计提统筹退休金时：

借：经营支出　　　　　　　　　　　　　　　　4000

　　贷：其他应付款　　　　　　　　　　　　　　　4000

收到包装物押金时：

借：银行存款　　　　　　　　　　　　　　　　1200

　　贷：其他应付款　　　　　　　　　　　　　　　1200

三、应缴国库款

应缴国库款是指行政事业单位按规定取得的，应上缴国家预算的各种款项，包括：①行政事业单位代收的预算管理基金；②行政性收费收入；③罚没收入；④无主财物变价收入；⑤其他按预算管理规定应上缴预算的款项，不包括应缴税费。具体见表 2-29。

这部分资金是直接上缴国家的，比如，固定资产处置净收益、行政性收费收入等。

为了核算其应缴财政专户款，按规定，事业单位在计算确定或实际取得时，借记有关科目，贷记"应缴国库款"科目；上缴款项时，借记"应缴国库款"科目，贷记"银行存款"等科目。

表 2-29 应缴国库款的账务核算

业务内容	业务处理
确定或实际取得应缴国库款项时	借：有关科目 　　贷：应缴国库款
上缴应缴国库款项时	借：应缴国库款 　　贷：银行存款

【案例46】应缴国库款的账务处理

某行政事业单位将本单位闲置的一台设备转让给 A 企业，转让价格为500000 元，转让过程中发生的资产评估费用和相关手续费用共计2000 元，已用库存现金支付。

借：待处置资产损溢——处置净收入　　　　　　　　　498000

　　贷：应缴国库款　　　　　　　　　　　　　　　　　　　498000

四、应缴财政专户款

应缴财政专户款是行政事业单位按规定代收的应上缴财政专户的预算外资金。关于应上缴财政专户的预算外资金范围，应按财政部的规定办理。

应缴财政专户款的预算外资金在未缴之前，对行政事业单位来说是一种负债，不能作为收入来处理。行政事业单位按规定代收的预算外资金必须上缴同级财政专户，支出由同级财政按预算外资金收支计划和单位财务收支计划统筹安排，从财政专户中拨付，实行收支两条线管理。对其中少数费用开支有特殊需要的预算外资金经财政部门核定收支计划后，可按确定比例或收支结余的数额定期缴入同级财政专户。

行政事业单位为了核算其应缴财政专户款，应当设置"应缴财政专户款"科目。其借方反映已经上缴财政专户的各项收入，贷方反映实际发生的应缴财政专户款项，贷方余额反映应缴未缴的财政专户款，年末汇总清缴后本科目无余额（见表 2-30）。

表 2 – 30　应缴财政专户款的财务核算

业务内容	业务处理
取得应缴财政专户款项时	借：有关科目 　　贷：应缴财政专户款
上缴财政专户款项时	借：应缴财政专户款 　　贷：银行存款

【案例47】 应缴财政专户款的账务处理

某行政事业单位是实行预算外资金全额上缴的单位，3 月 1 日收到一笔 10000 元的应上缴财政专户预算外资金存款，3 月 5 日将此款上缴财政。

收到上缴财政专户预算款时：

借：银行存款　　　　　　　　　　　　　　　　　　　10000
　　贷：应缴财政专户款　　　　　　　　　　　　　　　10000

将款项缴存财政时：

借：应缴财政专户款　　　　　　　　　　　　　　　　10000
　　贷：银行存款　　　　　　　　　　　　　　　　　　10000

五、应缴税费

应缴税费是指行政事业单位按照税费等规定计算应缴纳的各种税费，包括营业税、增值税、城市维护建设税、教育费附加、车船税、房产税、城镇土地使用税、企业所得税等。其中行政事业单位代扣代缴的个人所得税也在本科目核算，但是应缴纳的印花税不需要预提应缴税费，应直接通过支出等有关科目核算。

行政事业单位应当按照应缴纳的税费种类进行明细核算。如果属于增值税一般纳税人的行政事业单位，其应缴增值税明细账中应设置"进项税额"、"已交税金"、"销项税额"、"进项税额转出"等专栏，并且增值税一般纳税人的行政事业单位所购入的非自用材料发生盘亏、毁损、报废、对外捐赠、无偿调出等税费规定不得从增值税销项税额中抵扣其进项税额（见表 2 – 31）。

表 2－31　应缴税费的账务核算

业务内容		业务处理
营业税、城市维护建设税、教育费附加	发生营业税、城市维护建设税、教育费附加	借：待处置资产损溢——处置净收入 有关支出科目 贷：应缴税费
	实际缴纳时	借：应缴税费 贷：银行存款
增值税	属于增值税一般纳税人的行政事业单位购入非自用材料的	借：存货 应缴税费——应缴增值税（进项税额） 贷：银行存款 应付账款
	将所购的非自用材料转入待置资产时	借：待处置资产损溢 贷：存货 应缴税费——应缴增值税（进项税额转出）
	属于增值税一般纳税人的行政事业单位销售应税产品或提供应税劳务	借：银行存款 应收账款 应收票据 贷：经营收入 应缴税费——应缴增值税（销项税额）
	属于增值税一般纳税人的行政事业单位实际缴纳增值税时	借：应缴税费——应缴增值税（已交税金） 贷：银行存款
	属于增值税小规模纳税人的行政事业单位销售应税产品或提供应税服务	借：银行存款 应收账款 应收票据 贷：经营收入 应缴税费——应缴增值税 实际缴纳时： 借：应缴税费——应缴增值税 贷：银行存款
房产税、城镇土地使用税、车船税	按税法规定计算的应缴税金税额	借：有关科目 贷：应缴税费
	实际缴纳时	借：应缴税费 贷：银行存款

续表

业务内容		业务处理
代扣代缴个人所得税	按税法规定计算的应缴税金数额	借：应付职工薪酬 　贷：应缴税费
	实际缴纳时	借：应缴税费 　贷：银行存款
企业所得税	按税法规定计算的应缴税金数额	借：非财政补助结余分配 　贷：应缴税费
	实际缴纳时	借：应缴税费 　贷：银行存款

【案例48】营业税、城市维护建设税、教育费附加的账务处理

某行政事业单位销售一栋办公楼，取得销售收入4000000元，款项已存入银行。适用的营业税税率为5%。假定按税额的7%和3%分别征收城市维护建设税和教育费附加。

按税法规定计算的应缴税金额：

营业税＝4000000×5%＝200000（元）

城市维护建设税＝200000×7%＝14000（元）

教育费附加＝200000×3%＝6000（元）

借：待处置资产损溢——处理净收入　　　　　220000

　　贷：应缴税费——应缴营业税　　　　　　　200000

　　　　　　——应缴城市维护建设税　　　　14000

　　　　　　——教育费附加　　　　　　　　6000

实际缴纳时：

借：应缴税费——应缴营业税　　　　　　　　200000

　　　　——应缴城市维护建设税　　　　　　14000

　　　　——教育费附加　　　　　　　　　　6000

　　贷：银行存款　　　　　　　　　　　　　220000

【案例49】一般纳税人行政事业单位增值税的账务处理

某行政事业单位属于一般纳税人，2014年5月10日购入非自用材料，含税价格为 11700 元，材料已验收入库，款项未付；5 月 20 日销售应税产品一批，价税合计数为 23400 元，款项已存入银行；年末应缴增值税销项税额为 39450 元，进项税额为 28200 元，税金已缴纳。

（1）购入非自用材料时：

借：存货——材料　　　　　　　　　　　　　　　　　　10000

　　应缴税费——应缴增值税（进项税额）　　　　　　　1700

　　贷：应付账款　　　　　　　　　　　　　　　　　　11700

（2）销售应税产品时：

借：银行存款　　　　　　　　　　　　　　　　　　　　23400

　　贷：经营收入　　　　　　　　　　　　　　　　　　20000

　　　　应缴税费——应缴增值税（销项税额）　　　　　3400

（3）年末缴纳税金 = 39450 - 28200 = 11250（元）。

借：应缴增值税——已交税金　　　　　　　　　　　　　11250

　　贷：银行存款　　　　　　　　　　　　　　　　　　11250

【案例 50】小规模纳税人行政事业单位增值税的账务处理

某行政事业单位属于小规模纳税人，2014 年 5 月 15 日销售应税产品，价税合计为 10300 元，对方单位开出一张期限为 3 个月的带息商业承兑汇票。

（1）收到汇票时：

借：应收票据　　　　　　　　　　　　　　　　　　　　10300

　　贷：经营收入　　　　　　　　　　　　　　　　　　10000

　　　　应缴税费——应缴增值税　　　　　　　　　　　300

（2）实际缴纳增值税时：

借：应缴税费——应缴增值税　　　　　　　　　　　　　300

　　贷：银行存款　　　　　　　　　　　　　　　　　　300

【案例 51】个人所得税的账务处理

某行政事业单位发放本月工资 126240 元，单位代扣个人所得税 4000 元。

（1）按税法规定计算应代扣代缴的个人所得税金额：

借：应付职工薪酬　　　　　　　　　　　　　　　　　　4000

　　贷：应缴税费——应缴个人所得税　　　　　　　　　4000

（2）实际缴纳增值税时：

借：应缴税费——应缴个人所得税   4000

    贷：银行存款   4000

【案例 52】 单位所得税的账务处理

某行政事业单位 2014 年会计收益为 1250000 元，未按期缴纳税金，支付罚款和滞纳金 3000 元；取得国库券利息收入 5500 元，用于 A 公司开业的赞助支出 10000 元；已预交所得税 30000 元，所得税税率为 25%。计算该行政事业单位年终应该补（退）的所得税。

按税法规定计算的应缴纳税金数额：

年度应纳税所得额 = 125000 + 3000 − 5500 + 10000 = 132500（元）

年终应纳税所得额 = 132500 × 25% = 33125（元）

年终汇算清缴应补所得税额 = 33125 − 30000 = 3125（元）

借：非财政补助结余分配   3125

    贷：应缴税费——应缴所得税   3125

实际缴纳增值税时：

借：应缴税费——应缴所得税   3125

    贷：银行存款   3125

六、长期借款

长期借款是指行政事业单位向银行或其他金融机构借入的期限在 1 年以上（不含 1 年）的各项借款。

按照付息方式与本金的偿还方式，可将长期借款分为分期付息到期还本长期借款、到期一次还本付息长期借款及分期偿还本息长期借款；按所借币种，可分为人民币长期借款和外币长期借款。

长期借款的处理方法，根据筹集长期借款的不同用途，采取两种方法处理：一是于发生时直接计入当期费用；二是予以资本化。

具体来说：

（1）为购建固定资产而发生的，予以资本化，计入所建造的固定资产价值。

（2）建造固定资产而发生的长期借款费用，在固定资产交付使用并办理了竣工决算后所发生的，直接计入当期损益。

（3）与固定资产或无形资产无关的，如为例行生产而筹集的长期借款筹资成本，作为财务费用，直接计入当期损益。

（4）为投资而发生的借款费用，直接计入当期损益。

（5）在筹建期间发生的长期借款费用（除为购建固定资产而发生的借款费用外），计入开办费。

（6）在清算期间发生的长期借款费用，计入清算损益。

（7）长期外币借款发生的外币折合差价，按照外币业务核算的有关办法，按期计算汇兑损益，计入在建工程或当期损益。

长期借款的本金和利息以及折合差额，均应记入"长期借款"科目，这与短期借款不同，"短期借款"科目，只核算借款的本金，而利息不计入，短期借款的利息一般是通过预提费用的方式核算的（见表2-32）。

表2-32 长期借款的账务核算

业务内容	业务处理
借入各项长期借款时	借：银行存款 　　贷：长期借款
为购建固定资产支付的专门借款利息	属于工程项目建设期间支付的 借：在建工程 　　贷：非流动资产基金——在建工程 同时， 借：其他支出 　　贷：银行存款 属于工程项目完工交付使用后支付的 借：其他支出 　　贷：银行存款
其他长期借款利息	借：其他支出 　　贷：银行存款
归还长期借款时	借：长期借款 　　贷：银行存款

【案例53】借入各项长期借款的账务处理

某行政事业单位向金融机构借入1000000元，准备购买大型专业设备，用于业务活动，借款期限 2 年，年利率 5%，金融机构规定还本付息的方式为每年付息一次，到期归还本金。

（1）行政事业单位得到借款时：

借：银行存款   1000000

  贷：长期借款   1000000

（2）利息的计算与核算：

①假设大型专业设备需要进行安装调试，安装调试时间为 2 年，每年计算支付利息：

$1000000 \times 5\% = 50000$（元）

借：在建工程   50000

  贷：非流动资产基金——在建工程   50000

同时，

借：其他支出   50000

  贷：银行存款   50000

②假设大型专业设备需要进行安装调试，安装调试时间为 1 年，第一年计算支付利息：

$1000000 \times 5\% = 50000$（元）

借：在建工程   50000

  贷：非流动资产基金——在建工程   50000

同时，

借：其他支出   50000

  贷：银行存款   50000

第二年计算支付利息：

借：其他支出   50000

  贷：银行存款   50000

七、长期应付款

长期应付款是指行政事业单位发生的偿还期限超过 1 年（不含 1 年）的应付款项，如以融资租赁租入固定资产的租赁费、跨年度分期付款购入固定资产的价款等。其应当按照长期应付款的类别及债权单位（或个人）进行明细核算。

以分期付款方式购入固定资产，如果延期支付的购买价款超过正常信用条件，实质上具有融资性质，所购资产的成本应以延期支付的购买价款的现值为基础确定，实际支付的价款与购买价款的现值之间的差额，应在信用期内采用实际利率法进行摊销，计入相关资产成本或当期损益。

为了总括地反映和监督长期应付款的发生和归还情况，企业应设置"长期应付款"科目。该科目的贷方登记发生的长期应付款，借方登记归还的长期应付款，贷方余额表示企业尚未支付的各种长期应付款。该科目按长期应付款的种类设置"补偿贸易引进设备应付款"、"融资租入固定资产应付款"等明细科目，进行明细分类核算（见表2-33）。

表2-33 长期应付款的账务核算

业务内容	业务处理
发生长期应付款时	借：固定资产 　　在建工程 　　贷：长期应付款 　　　　非流动资产基金
支付长期应付款时	借：事业支出 　　经营支出 　　贷：银行存款 同时， 借：长期应付款 　　贷：非流动资产基金
无法偿付或债权人豁免偿还的应付款	借：长期应付款 　　贷：其他收入

【案例54】长期应付款的账务处理

某行政事业单位开展经营活动融资租入一设备，设备不需要安装调试，与租赁公司协议商定租赁价款共计300000元，租期为10年，设备每年应付租金30000元，行政事业单位用银行存款支付。

（1）发生长期应付款时：

借：固定资产　　　　　　　　　　　　　　　　　　　300000

　　贷：长期应付款　　　　　　　　　　　　　　　　　300000

（2）支付长期应付款时：

借：经营支出　　　　　　　　　　　　　　　　　　　30000

　　贷：银行存款　　　　　　　　　　　　　　　　　　30000

同时，

借：长期应付款   30000

  贷：非流动资产基金——固定资产   30000

八、短期借款

与长期借款相对的是短期借款，短期借款是指行政事业单位为维持正常的经营，或为抵偿某项债务而向银行或其他金融机构等借入的、还款期限在 1 年以下（含 1 年）的各种借款。短期借款主要有经营周转借款、临时借款、结算借款、票据贴现借款、卖方信贷、预购定金借款和专项储备借款等。

为了总括地反映和监督长期应付款的发生和归还情况，企业应设置"短期应付款"科目。该科目的贷方登记发生的短期应付款，借方登记归还的长期应付款，贷方余额表示企业尚未支付的各种长期应付款。

短期借款的主要账务处理如表 2 - 34 所示：

表 2 - 34 短期借款的账务核算

业务内容	业务处理
发生短期应付款时	借：固定资产 贷：短期应付款

支付长期应付款时	借：事业支出
	  贷：银行存款
	同时，
	借：短期应付款
	  贷：非流动资产基金

无法偿付或债权人豁免偿还的应付款	借：短期应付款 贷：其他收入

【案例 55】 短期应付款的账务处理

某单位于 2011 年 1 月 1 日向银行借入 80 万元，期限 9 个月，年利率 4.5%，该借款的利息按季支付，本金到期归还。有关处理如下：

（1）1 月 1 日借入款项时：

借：银行存款   800000

  贷：短期借款   800000

（2）1月末预提当月利息800000×4.5%×12＝3000（元）。

借：财务费用   3000

  贷：应付利息   3000

2月末预提当月利息的处理相同。

（3）3月末支付本季度应付利息时：

借：财务费用   3000

  应付利息   6000

  贷：银行存款   9000

第二季度、第三季度的债务处理同上。

（4）10月1日偿还借款本金时：

借：短期借款   800000

  贷：银行存款   800000

第三节　行政事业单位净资产的核算

一、净资产概述

  净资产是指行政事业单位资产扣除负债后的余额，具体的表现形式为事业基金、非流动资产基金、专用基金、财政补助结转结余、非财政补助结转结余等，这些都可统称为行政事业单位的净资产。先对行政事业单位的净资产进行总体的了解。行政事业单位的形成渠道有很多，但从根本上看，其一般来源如表2-35所示。

表2-35　净资产形成来源

项目	具体内容
政府初始投拨款	政府为了特定的目的设置行政事业单位时要进行初始投入，这些投拨款构成资产的来源之一
政府拨款的各年收支结余数	各年行政事业单位有拨款也有支出，收支相抵后的结余必然会对行政事业单位的净资产构成影响

项目	具体内容
政府拨款以外行政事业单位的各项业务收支结果	有些行政事业单位除政府拨款以外，还从事一定的经营活动，有一些其他收入，这些其他的收入相抵后的净额经过分配后有一部分流入行政事业单位，也影响净资产数
其他来源	接受未指定用途的捐赠，融资租入固定资产等

二、事业基金

事业基金是指行政事业单位拥有的非限定用途的净资产，可由行政事业单位自主调配使用。与基金的其他组成部分相比，事业基金具有来源的多样性和广泛性等特点，主要包括以下五个方面：

（1）各年收支结余的滚存数，是事业基金的主要来源。

（2）已完项目的拨入转款结余，按规定留给本单位使用的，转入事业基金。

（3）单位年终结账后，发生以前年度会计事项调整或变更，涉及以前年度结余的，一般应直接转入或冲减事业基金，但国家规定的按其规定。

（4）对外投资时，投出资产的评估价或合同、协议确定的价值与账面价值的差额，直接计入或冲减事业基金。

（5）行政事业单位使用固定资产对外投资，不仅将投资确认价值与固定资产账面价值之间的差额计入事业资金，同时将其账面价值对应的固定基金转入事业基金。

行政事业单位发生需要调整以前年度非财政补助结余的事项时，通过本科目核算（见表2-36）。

表2-36　事业基金的账务核算

业务内容	业务处理
年末将"非财政补助结余分配"科目余额转入事业基金	借或贷：非财政补助结余分配 　　借或贷：事业基金
年末将留归本单位使用的非财政补助专项剩余资金转入事业基金	借：非财政补助结转——××项目 　贷：事业基金

业务内容	业务处理
以货币资金取得长期股权投资、长期债券投资	借：长期投资 　　贷：银行存款 同时， 借：事业基金 　　贷：非流动资产基金——长期投资
对外转让或到期收回长期债券投资本息	借：银行存款 　　贷：长期投资 　　　　其他收入（借或贷） 同时， 借：非流动资产基金——长期投资 　　贷：事业基金

【案例56】年末账务处理

某行政事业单位将某非财政补助专项任务完成，按照规定专项结余 2000 元留归单位使用。

借：非财政补助结余分配　　　　　　　　　　　　　　　　　2000

　　贷：事业基金　　　　　　　　　　　　　　　　　　　　　　2000

【案例57】以货币资金取得长期股权投资、长期债券投资的账务处理

某行政事业单位用本单位货币资金购买了 A 公司的股票，共支付购买价款 300000 元，支付手续费 2500 元。

借：长期投资　　　　　　　　　　　　　　　　　　　　　302500

　　贷：银行存款　　　　　　　　　　　　　　　　　　　　　302500

同时，

借：事业基金　　　　　　　　　　　　　　　　　　　　　302500

　　贷：非流动资产基金——长期投资　　　　　　　　　　　302500

三、非流动资产基金

非流动资产基金是指行政事业单位非流动资产占用的金额。单位应当设置"长期投资"、"固定资产"、"在建工程"、"无形资产"等明细科目进行核

算（见表2－37）。①非流动资产基金应当在取得长期投资、固定资产、在建工程、无形资产等非流动资产或发生相关支出时予以确认；②计提固定资产折旧、无形资产摊销时，应当冲减非流动资产基金；③处置长期投资、固定资产、无形资产，以及以固定资产、无形资产对外投资时，应当冲销该资产对应的非流动资产基金。

表2－37　非流动资产基金的账务处理

业务内容	业务处理
取得相关资产或发生相关支出时	借：长期投资 　　固定资产 　　在建工程 　　无形资产 　　贷：非流动资产基金 同时， 借：事业支出 　　贷：财政补助收入 　　　　零余额账户用款额度 　　　　银行存款
计提固定资产折旧、无形资产摊销时	借：非流动资产基金——固定资产 　　　　　　　　　　——在建工程 　　贷：累计折旧 　　　　累计摊销
以固定资产、无形资产对外投资	借：长期投资 　　贷：非流动资产基金——长期投资 同时， 借：非流动资产基金——固定资产 　　　　　　　　　　——无形资产 　　累计折旧 　　累计摊销 　　贷：固定资产 　　　　无形资产
出售或以其他方式处置长期投资、固定资产、无形资产转入待处置资产时	借：待处置资产损溢 　　累计折旧 　　累计摊销 　　贷：长期投资 　　　　固定资产 　　　　无形资产 处置时， 借：非流动资产基金（有关科目） 　　贷：待处置资产损溢

【案例58】非流动资产基金的账务处理

某行政事业单位利用本单位货币资金购买并持有债券，债券投资成本为149000元。待持有债券到期时，收回本金及利息共计155000元。

（1）购买债券时：

借：长期投资	149000
贷：银行存款	149000

同时，

借：事业基金	149000
贷：非流动资产基金——长期投资	149000

（2）到期收回长期债券投资：

借：银行存款	155000
贷：长期投资	149000
其他收入——投资收益	6000

同时，

借：非流动资产基金——长期投资	149000
贷：事业基金	149000

四、专用基金

专用基金是指行政事业单位按规定提取和设置的、具有专门用途的资金，如修购基金、职工福利基金、医疗基金以及其他基金等（见表2－38）。

表2－38　专用基金分类及内容

项目	具体内容
修购基金	按照事业收入和经营收入的一定比例提取的，在修缮费和设备购置费中列支（各列50%），以及按照其他规定提取转入，用于行政事业单位固定资产维修的购置基金
职工福利基金	按照结余的一定比例提取及按照其他规定提取转入，用于单位职工的计提福利设施、集体福利待遇等的资金
医疗基金	未纳入公费医疗经费开支范围的行政事业单位，按照当地财政部门规定的公费医疗经费开支标准从收入中提取，并参照公费医疗制度的有关规定用于职工公费医疗开支的资金

项目	具体内容
住房基金	按照国务院规定的住房公积金制度，由单位按照职工工资总额的比例提取住房公积金（不包括个人缴纳部分）
其他基金	按照其他有关规定提取或设置的专用资金

国家对专用基金的使用有特殊的规定，必须严格管理，专款专用，以做到账务清晰、明了。做好专用基金的管理通常需要做好两个方面的工作：一是提取；二是设置。

1. 专用基金的提取

按规定专用基金不直接参加业务经营活动，因此通常需要提取出来，每一种基金的提取具有相对独立的特点（见表2－39）。

表2－39　专用基金提取的特点

项目	具体内容
专用基金的提取	有专门的规定，如修购基金和医疗基金是根据一定的比例或数额提取，在相关支出列支后转入的
各项专用基金	规定有专门用途和使用范围，除财务制度规定可以允许合并使用的以外，专用基金一般不得互相占用、挪用
专用基金的使用	属于一次性消耗，没有循环周转，不得通过专用基金支出直接取出补偿

2. 专用基金的设置

行政事业单位应设置"事业基金"科目，核算事业基金的各项来源、运用和结存，并在该科目下设"一般基金"和"投资基金"两个明细科目。为了核算专用基金支出，财政总预算会计应设置"专用基金支出"账户（见表2－40）。

表2－40　专用基金的财务核算

业务内容	业务处理
按规定提取修购基金的	借：事业支出 　　经营支出 　贷：专用基金（修购基金）

业务内容	业务处理
年末，按规定从本年度非财政补助结余中提取职工福利基金	借：非财政补助结余分配 　　贷：专用基金（职工福利基金）
按规定提取的其他专用基金	借：有关科目 　　非财政补助结余分配 　　贷：专用基金
按规定设置的其他专用基金	借：银行存款 　　贷：专用基金
按规定事业专用基金	借：专用基金 　　贷：银行存款
使用专用基金形成固定资产的	借：固定资产 　　贷：非流动资产基金——固定资产

行政事业单位设置专用基金就应当按照其类别进行明细核算。下面来具体解析行政事业单位的事业基金和专用基金核算案例，从中可以得知行政事业单位的专用基金的核算过程。

【案例59】提取修购基金的账务处理

某行政事业单位的事业收入是 500000 元，经营收入是 350000 元，按 6% 的比例提取基金。

借：事业支出　　　　　　　　　　　　　　　30000
　　经营支出　　　　　　　　　　　　　　　21000
　　贷：专用基金　　　　　　　　　　　　　　51000

【案例60】提取职工福利基金的账务处理

某行政事业单位 2014 年年终分配，非财政补助结余总额为 1000000 元，按结余 40% 提取职工福利基金。

借：非财政补助结余分配　　　　　　　　　400000
　　贷：专用基金——职工福利基金　　　　　　400000

【案例61】使用专用基金的账务处理

某行政事业单位以修购基金购入某设备，设备价值为100000元。

借：专用基金——修购基金   100000

    贷：银行存款   100000

同时，

借：固定资产   100000

    贷：非流动资产基金——固定资产   100000

五、财政补助结转结余

财政补助结转结余是指行政事业单位各项财政补助收入与其相关支出相抵后剩余滚存的、须按规定管理和使用的结转结余资金。

无论是财政补助结转还是非财政补助结转，结转资金原则是上年结转下年继续按原用途使用，在年度预算执行过程中，确需调整结转资金用途的，需报财政部审批。

行政事业单位应当在"财政补助结转结余"科目下设置"基本支出结转"、"项目支出结转"两个明细科目，并在"基本支出结转"明细科目下按照"人员经费"、"日常公用经费"进行明细核算，在"项目支出结转"明细科目下按照具体项目进行明细核算（见表2-41）。

表2-41 财政补助结转结余的账务核算

业务内容	业务处理
期末，将财政补助收入本期发生额结转入本科目	借：财政补助收入——基本支出、项目支出 　贷：财政补助结转结余——基本支出结转、项目支出结转
将事业支出本期发生额结转入本科目	借：财政补助结转结余——基本支出结转、项目支出结转 　贷：事业支出——财政补助支出（基本支出、项目支出） 　　事业支出——基本支出（财政补助支出） 　　　　——项目支出（财政补助支出）

业务内容	业务处理
按照有关规定将符合财政补助结转结余性质的项目余额转入财政补助结余	借或贷：财政补助结转结余（项目支出结转——××项目） 借或贷：财政补助结余
按规定上缴财政补助结转资金或注销财政补助结转额度的	借：财政补助结转结余 　贷：财政应返还额度 　　　零余额账户用款额度 　　　银行存款

【案例62】 财政补助结转账务处理

某行政事业单位本期期末财政补助收入——基本支出科目的发生额为4800000元，财政补助收入——项目支出科目的发生额为1165000元；事业支出——基本支出（财政补助支出）科目的发生额为4350000元，事业支出——项目支出（财政补助支出）科目发生额为1050000元。

借：财政补助收入——基本支出　　　　　　　　　　4800000

　　　　　　——项目支出　　　　　　　　　　1165000

　　贷：财政补助结转——基本支出结转　　　　　　　　4800000

　　　　　　　——项目支出结转　　　　　　　　1165000

同时，

借：财政补助结转——基本支出结转　　　　　　　　4350000

　　贷：事业支出——基本支出（财政补助支出）　　　　4350000

借：财政补助结转——项目支出结转　　　　　　　　1050000

　　贷：事业支出——项目支出（财政补助支出）　　　　1050000

【案例63】 财政补助结余账务处理

某行政事业单位年末对财政补助各明细项目执行情况进行分析，符合财政补助结余性质的实验室项目余额为500000元。

借：财政补助结转——项目支出结转（实验室项目）　　500000

　　贷：财政补助结余　　　　　　　　　　　　　　　500000

六、非财政补助结转结余

非财政补助结转结余是指行政事业单位除财政补助收支以外的各项收入与各项支出相抵后的余额。

结转是指行政事业单位除财政补助收支以外的各专项资金收入与其相关支出相抵后的剩余滚存的、须按规定用途使用的结转资金。

结余是指行政事业单位除财政补助收支以外的各非专项资金收入与各非专项资金支出相抵后的余额。

非财政拨款结转结余可以按照规定分别结转下一年度继续使用和按一定比例提取职工福利基金、转入事业基金等（见表 2 - 42）。

表 2 - 42　非财政补助结转结余的账务核算

	业务内容	业务处理
非财政补助结转	期末，将专项资产收入结转入本科目	借：事业收入 　　上级补助收入 　　附属单位上缴收入 　　其他收入 贷：非财政补助结转
	将本期发生额中的非财政专项资金支出转入本科目	借：非财政补助结转 贷：事业支出——非财政专项资金支出 　　　　　　——项目支出（非财政专项资金支出） 　　其他支出
	缴回原专项资金拨入单位的	借：非财政补助结转（××项目） 贷：银行存款
	留归本单位使用的	借：非财政补助结转（××项目） 贷：事业基金
非财政补助结余	年末，将"事业结余"科目余额结转入本科目	借或贷：事业结余 借或贷：非财政补助结余
	将"经营结余"科目贷方余额结转入本科目	借：经营结余 贷：非财政补助结余
	计算出应缴纳的企业所得税	借：非财政补助结余 贷：应缴税费——应缴企业所得税
	按照有关规定提取职工福利基金的	借：非财政补助结余 贷：专用基金——职工福利基金

【案例64】非财政补助结转的账务处理

某行政事业单位期末各账户中，事业收入本期发生额为400000元，上级补助收入本期发生额为1000000元，附属单位上缴收入本期发生额为300000元，其他收入本期发生额为450000元；事业支出本期发生额中的非财政专项资金支出为900000元，事业支出的项目支出本期发生额中的非财政专项资金支出为650000元，其他支出本期发生额中的非财政专项资金支出为500000元。

借：事业收入		400000
上级补助收入		1000000
附属单位上缴收入		300000
其他收入		450000
贷：非财政补助结转		2150000
借：非财政补助结转		2050000
贷：事业支出——非财政专项资金		900000
——项目支出（非财政专项资金）		650000
其他支出		500000

【案例65】非财政补助结余的账务处理

某行政事业单位事业结余账户年末有贷方结余1200000元，经营结余账户有贷方结余350000元。

借：事业结余	1200000
贷：非财政补助结余	1200000
借：经营结余	350000
贷：非财政补助结余	350000

第四节　行政事业单位收入的核算

一、收入概述

行政事业单位收入是指单位开展业务及其他活动依法取得的非偿还性资

金。具体的表现形式为财政补助收入、事业收入、上级补助收入及附属单位上缴收入、经营收入等，这些都可统称为行政事业单位的收入。

行政事业单位的收入具有的特点如表2-43所示。

表2-43　行政事业单位收入的特点

项目	具体内容
行政事业单位的收入是开展业务及其他活动取得的	行政事业单位一般不从事物资资料的生产，其主要任务是依据党和政府确定的事业发展方针，在精神生产领域组织和开展各项业务活动和其他活动
	行政事业单位因完成国家规定各项任务、开展有偿服务的业务活动和经营活动而取得事业收入和经营收入
	开展经营活动和其他活动是行政事业单位取得收入的前提，同企业相类似，业务活动和有关活动的数量和质量决定了行政事业单位收入的多少，这与行政单位有很大的区别
行政事业单位的收入是依法取得的	收入是行政事业单位经济利益的增加，行政事业单位各项收入的取得必须符合国家有关法律、法规和规章制度的规定
	收入只包括本会计主体经济利益的流入，不包括为本会计主体以外的单位或个人代收的款项，代收的款项一方面增加单位的资产，另一方面增加单位的负债，不会增加单位的经济利益，不能作为本单位的收入
	在会计内部各部门之间、各资金项目之间的资金转移，也不能认为发生了收入
行政事业单位的收入是通过多种形式、多种渠道取得的	行政事业单位经过改革后，一部分行政事业单位走向了市场，其收入来源形式和渠道呈多元化趋势，除财政补助收入、上级补助收入、附属单位上缴收入外，还有事业收入、经营收入及其他收入等
行政事业单位的收入具有非偿还性	大部分行政事业单位的收入是不需要偿还的，行政事业单位因完成国家规定的科、教、文、卫等事业任务而发生消耗，从而获得政府的财政补助收入或上级补助收入
	因开展有偿服务的业务活动和经营活动而取得事业收入和经营收入，补偿其费用支出，主要是从财政部门取得财政补助收入、从主管部门或上级单位获得上级补助收入
	通过开展有偿服务活动和生产经营活动获得事业收入和经营收入予以补偿
	行政事业单位取得的各项收入不需要偿还，可根据需要安排业务活动及其他活动；若需要偿还的，则要将其作为"负债"处理

行政事业单位的收入一般应当在收到款项时予以确认，并按照实际收到的金额进行计量。采用权责发生制确认的收入，应当在提供服务或发出存货，同时收讫价款或取得索取价款的凭据时予以确认，并按照实际收到的金额或有关凭据注明的金额进行计量。

不实行成本核算的行政事业单位，其收支确认以收付实现制度为基础，来计算确定本期收益和费用。按权责发生制，凡应属于本期收入的，不管是否真的收到，都应作为本期的收入。成本核算的事业收入，一般应当根据年度完成进度予以合理确认。单位为取得事业收入而发生的折让和折扣，应冲减相应的事业收入。

二、财政补助收入

财政补助收入是指行政事业单位从同级财政部门取得的各类财政拨款，包括基本支出补助和项目支出补助。

单位应在财政补助收入科目下设置"基本支出"和"项目支出"两个明细科目。这两个明细科目下按照《政府收支分类科目》中"支出功能分类"的相关科目进行明细核算；同时还应在"基本支出"明细科目下按照"人员经费"和"日常公用经费"进行明细核算，在"项目支出"明细科目下按照具体项目进行明细核算（见表2-44）。

表2-44 财政补助收入的账务核算

业务内容		业务处理
财政直接支付方式下	根据国库支付执行机构委托代理银行转来的凭据	借：有关科目 　　贷：财政补助收入
	年度终了	借：财政应返还额度——财政直接支付 　　贷：财政补助收入
财政授权支付方式下	根据银行转来的《授权支付到账通知书》	借：零余额账户用款额度 　　贷：财政补助收入
	年度终了	借：财政应返还额度——财政授权支付 　　贷：财政补助收入
其他方式下		借：银行存款 　　贷：财政补助收入

续表

业务内容	业务处理
因购货退回等发生国库直接支付款项退回的	属于以前年度支付的款项 借：财政应返还额度 　　贷：财政补助结转 　　　　财政补助结余 　　　　存货 属于本年度支付的款项 借：财政补助收入 　　贷：事业支出 　　　　存货
期末结转	借：财政补助收入 　　贷：财政补助结转

【案例66】财政直接支付方式下财政补助收入的账务处理

某行政事业单位实行国库集中支付制度，根据代理行转来的"财政直接支付入账通知书"及有关原始凭证，登记购入的材料100000元，按政府收支功能分类属于"教育——普通教育——高等教育"项。

　　借：存货——材料　　　　　　　　　　　　　　100000
　　　　贷：财政补助收入——基本支出（高等教育）　　　100000

【案例67】财政授权支付方式下财政补助收入的账务处理

假设某设计院采用财政授权支付方式核算，设计院根据代理银行转来的《授权支付到账通知书》，按照通知书中的授权支付额度2850000元，其中，项目支出额度为800000元。

　　借：零余额账户用款额度　　　　　　　　　　　2850000
　　　　贷：财政补助收入——基本支出　　　　　　　2050000
　　　　　　　　　　——项目支出　　　　　　　　　800000

三、事业收入

事业收入是指行政事业单位开展专业业务活动及其辅助活动取得的收入。

事业收入需要区分专项资金收入和非专项资金收入，对专项资金还应按具体项目进行明细核算（见表 2 - 45）。

表 2 - 45 事业收入的账务核算

业务内容		业务处理
采用财政专户返还方式管理的事业收入	按照收到的款项金额	借：银行存款 　　库存现金 　　贷：应缴财政专户款
	向财政专户上缴款项时	借：应缴财政专户款 　　贷：银行存款
	收到从财政专户返还的事业收入时	借：银行存款 　　贷：事业收入
收到事业收入时		借：银行存款 　　库存现金 　　贷：事业收入
期末	将本科目本期发生额中的专项资金收入结转入非财政补助结转	借：事业收入（各专项资金收入明细科目） 　　贷：非财政补助结转
	将本科目本期发生额中的非专项资金收入结转入事业结余	借：事业收入（各非专项资金收入明细科目） 　　贷：事业结余

【案例 68】采用财政专户返还方式管理的事业收入账务处理

某行政事业单位开展专业业务活动，2014 年 5 月 10 日取得上缴财政专户的现金收入 15000 元，该款项已上缴财政专户。2014 年 6 月收到从财政专户返还的事业收入 75000 元。

（1）收到应上缴财政专户的事业收入：

借：库存现金　　　　　　　　　　　　　　　　　　　15000

　　　贷：应缴财政专户款　　　　　　　　　　　　　　15000

（2）向财政专户上缴款项：

借：应缴财政专户款　　　　　　　　　　　　　　　　15000

　　　贷：银行存款　　　　　　　　　　　　　　　　　15000

（3）收到从财政专户返还的事业收入：

借：银行存款　　　　　　　　　　　　　　　　　　　75000

　　　贷：事业收入　　　　　　　　　　　　　　　　　75000

四、上级补助收入及附属单位上缴收入

行政事业单位的上级补助收入是指行政事业单位从主管部门和上级单位取得的非财政补助收入，用于补助正常业务资金的不足。

行政事业单位的附属单位上缴收入是指行政事业单位附属独立核算单位按照有关规定上缴的收入。附属单位上缴收入需要区分专项资金收入和非专项资金收入，对专项资金还应按具体项目进行明细核算。

行政事业单位主管部门或上级单位用自身组织的收入和集中下级单位的收入拨入的非财政补助资金。用于补助行政事业单位的日常业务，若是指定用于专项用途并须单独报账，则称为拨入的事业经费，即拨入专款，不能作为上级补助收入。在某些行业的会计制度中，上级补助收入与财政补助收入合并称为业务补助（见表2-46）。

表2-46　上级补助收入及附属单位上缴收入的账务核算

业务内容		业务处理
上级补助收入	收到上级补助收入	借：银行存款 　　贷：上级补助收入
	期末将本期发生额中专项资金收入结转入非财政补助结转	借：上级补助收入（各专项资金收入明细科目） 　　贷：非财政补助结转
	期末将本期发生额中的非专项资金收入结转入事业结余	借：上级补助收入（各非专项资金收入明细科目） 　　贷：事业结余
附属单位上缴收入	收到附属单位缴来款项时	借：银行存款 　　贷：附属单位上缴收入
	期末将本期发生额中专项资金收入结转入非财政补助结转	借：附属单位上缴收入（各专项资金收入明细科目） 　　贷：非财政补助结转
	期末将本期发生额中的非专项资金收入结转入事业结余	借：附属单位上缴收入（各非专项资金收入明细科目） 　　贷：事业结余

【案例69】上级补助收入的账务处理

某社会保险经办机构12月收到其上级社会保险经办机构拨付的失业保险

基金 100000 元，期末结转失业保险基金账户。

（1）收到上级社会保险经办机构下拨的失业保险基金时：

借：银行存款——收入户   100000
　　贷：上级补助收入   100000

（2）期末结转时：

借：上级补助收入   100000
　　贷：失业保险基金   100000

五、经营收入

行政事业单位的经营收入是指行政事业单位在专业业务活动及其辅助活动之外开展非独立核算经营活动取得的收入。按照经验活动类别、项目《政府收支分类科目》中"支出功能分类"相关科目等进行明细核算。

经营收入应当在提供服务或发出存货，并收讫价款或取代索取价款的凭据时，按照实际收到或应收到的金额确认收入（见表 2 - 47）。

表 2 - 47　经营收入的账务核算

业务内容	业务处理
实现经营收入时	借：银行存款 　　应收账款 　　应收票据 　　贷：经营收入
属于增值税小规模纳税人的行政事业单位实现经营收入	借：银行存款 　　应收账款 　　应收票据 　　贷：经营收入 　　　　应缴税费——应缴增值税
属于增值税一般纳税人的行政事业单位实现经营收入	借：银行存款 　　应收账款 　　应收票据 　　贷：经营收入 　　　　应缴税费——应缴增值税（销项税额）
期末发生结转	借：经营收入 　　贷：经营结余

【案例70】经营收入的账务处理

某行政事业单位属于增值税一般纳税人,发生了如下的经营收入:非独立核算的车队向外单位提供服务,获得 15000 元的收入;非独立核算的中食堂对外提供服务,承办宴席获得 4500 元的收入;销售一批产品,取得价税合计为 58500 元,收到对方的转账支票 30000 元,其余价款属于应收款。

借:银行存款	15000
贷:经营收入	15000
借:银行存款	4500
贷:经营收入	4500
借:银行存款	30000
应收账款	28500
贷:经营收入	58500

第五节　行政事业单位支出的核算

一、支出概述

行政事业单位的支出是指单位开展业务及其他活动发生的资金耗费和损失,具体的表现形式为事业支出、经营支出和其他支出等,这些都统称为行政事业单位的支出或者费用。

行政事业单位按照收付实现制核算的是支出,新《会计准则》中对各项事业经费支出的界限作出了明确的规定(见表 2-48)。

表 2-48　支出分类及内容

项目	具体内容
划清基建支出与事业经费支出的界限	凡是达到基本建设额度的支出,应报请主管部门从基建投资中安排,不得挤占事业经费
划清单位支出与个人支出的界限	应由个人负担的支出,不得由单位负担

项目	具体内容
划清事业支出与经营支出的界限	应当列入事业支出的项目，不得列入经济支出；应当列入经营支出的项目，不得列入事业支出
划清事业支出与对附属单位补助支出和上缴上级支出的界限	属于本系统内部调剂性质的支出，这部分支出最终将体现在系统内部其他单位，不能计入本单位事业支出，以免虚增事业支出

行政事业单位的支出一般应当在实际支付时予以确认，并按照实际支付金额进行计量。采用权责发生制确认的支出或者费用，应当在其发生时予以确认，并按照实际发生额进行计量。

会计核算一般采用收付实现制，但经营性支出业务核算可采用权责发生制。多数行政事业单位都存在经营性业务，但是单独从事经营性业务的却很少，况且这两种业务实际上很难完全区分，导致费用也难以分摊。

如果采用不同的会计基础继续核算，很容易使成本不能准确地核算，这样一来就不利于行政事业单位的内部管理。针对这个问题，行政事业单位应在其经营性业务的会计核算中采取权责发生制，对非营利性业务采取收付实现制。

行政事业单位发生的支出是多种多样的，具有不同的性质和用途，有的费用可以直接计入产品成本，有的费用应在不同产品（项目）之间分摊，有的费用并不列入产品（项目）的成本，这就需要进行成本核算。行政事业单位成本核算就是产生费用支出和产品成本形成的核算。

行政事业单位的支出一般应当在实际支付时予以确认，并按照实际支付金额进行计量：①凡能直接计入成本计算对象的生产费用，应直接计入成本计算对象；②不能直接计入成本计算对象的生产费用，应采用适当方法分配计入各成本计算对象。

注意：为组织管理业务活动而发生的管理费用、为销售商品而发生的销售费用等，则不应计入产品、劳务成本，应作为当期的期间费用直接与收入进行配比。

二、事业支出

事业支出是指行政事业单位开展专业业务活动及其辅助活动发生的基本支出和项目支出。应按照"基本支出"和"项目支出"，"财政补助支出"、

"非财政专项资金支出"和"其他资金的支出"等层级进行明细核算，并按相关规定进行明细分类（见表2－49）。

表2－49　事业支出的账务核算

业务内容	业务处理
从事专业业务活动及其辅助活动人员计提的薪酬等	借：事业支出 　　贷：应付职工薪酬
开展专业业务活动及辅助活动领用的存货	借：事业支出 　　贷：存货
开展专业业务活动及其辅助活动中发生的其他各项支出	借：事业支出 　　贷：库存现金 　　　　银行存款 　　　　零余额账户用款额度 　　　　财政补助收入
期末将本期发生额结转入"财政补助结转"科目	借：财政补助结转——基本支出结转 　　　　　　　　　——项目支出结转 　　贷：财政补助结转——基本支出 　　　　　　　　　——项目支出
期末将本期发生额结转入"非财政补助结转"科目	借：非财政补助结转 　　贷：非财政补助支出
期末将本期发生额结转入"事业结余"科目	借：事业结余 　　贷：其他资金支出

【案例71】开展专项业务活动及辅助活动的账务处理

某行政事业单位2014年5月以现金购买500元办公用品，直接交付有关部门使用。

借：事业支出——基本支出（办公费）　　　　　　　　　500
　　贷：库存现金　　　　　　　　　　　　　　　　　　　　　500

三、经营支出

行政事业单位的经营支出是指行政事业单位在专业业务活动及辅助活动

之外开展非独立核算经营活动发生的支出：①行政事业单位开展非独立核算经营活动的，应当正确归集开展经营活动发生的各项费用数；②无法直接归集的，应当按照规定的标准或比例合理分摊（见表2－50）。

表2－50 经营支出的账务核算

业务内容	业务处理
为在专业活动及其辅助活动之外开展非独立核算经营活动人员计提的薪酬等	借：经营支出 　　贷：应付职工薪酬
在专业业务活动及其辅助活动之外开展非独立核算经营活动领用、发出的存货	借：经营支出 　　贷：存货
在专业业务活动及其辅助活动之外开展非独立核算经营活动中发生的各项支出	借：经营支出 　　贷：库存现金 　　　　银行存款 　　　　应缴税费
期末结账	借：经营结余 　　贷：经营支出

【案例72】经营活动的账务处理

某研究所属于科学研究院附属独立核算的单位，2014年5月用银行存款支付本月水电费10000元；支付技术人员进修学校费用10000元。

借：经营支出——水电费　　　　　　　　　　　　　10000
　　　　　　——培训费　　　　　　　　　　　　　10000
　　贷：银行存款　　　　　　　　　　　　　　　　20000

四、其他支出

行政事业单位的其他支出是指行政事业单位除事业支出、上缴上级支出、对附属单位补助支出、经营支出以外的各项支出，包括利息支出、捐赠支出、现金盘亏损失、资产处置损失、接受捐赠（调入）非流动资产发生的税费支出等。按照其他支出的类别及相关科目进行明细核算（见表2－51）。

表 2-51   其他支出的账务核算

业务内容	业务处理
支付银行借款利息	借：其他支出 　　贷：银行存款
对外捐赠现金资产	借：其他支出 　　贷：银行存款
对外捐出存货	借：其他支出 　　贷：待处置资产损溢
发生现金短缺，无法查明原因的部分	借：其他支出 　　贷：库存现金
报经批准核销应收及预付款项、处置存货	借：其他支出 　　贷：待处置资产损溢
接受捐赠、无偿调入非流动资产发生的相关税费、运输费	借：其他支出 　　贷：银行存款
期末将本期发生额中的专项资金支出结转入非财政补助结转	借：非财政补助结转 　　贷：其他支出（各专项资产支出明细科目）
期末将本期发生额中的非专项资金支出结转入事业结余	借：事业结余 　　贷：其他支出（各非专项资产支出明细科目）

【案例73】其他支出的账务处理

某行政事业单位期末其他支出账户中专项资金支出发生额为 1590000 元，非专项资金支出发生额为 2009000 元。

借：非财政补助结转　　　　　　　　　　　　　　　1590000
　　贷：其他支出——专项资金支出　　　　　　　　　　　　1590000
借：事业结余　　　　　　　　　　　　　　　　　2009000
　　贷：其他支出——非专项资金支出　　　　　　　　　　2009000

第六节　年终清理结算与结账

每年第四季度，财政部都要对各级财政部门和各主管部门下达关于当年年终清理和决算编审办法的通知，各单位在年终前应按规定认真做好这项工作。

做好这项工作的前提是要做年终清理结算与结账，这是行政事业单位财政工作的一个主要内容，也是编制年度决算、年度会计报表的前提和基础。每当年度终前，财会人员都必须根据财政部门或主管部门的决算编审工作，对各项收支账目、往来款项、货币资金和财产物资等，进行全面的清理结算。

年终清理结算和结账，顾名思义包括两大部分：一是年终清理；二是年终结账。其目的是，划清年度收支，核实收支数字，结清往来款项，以便如实反映全年预算执行结果；分析全年预算执行情况，总结预算管理的经验；检查财经纪律遵守情况。

那么，什么是年终清理和结账，具体如下：

一、年终清理

年终清理，是行政事业单位对全年预算资金、其他资金收支活动进行全面清查、核对、整理和结算一个过程，是做好决算编审工作的重要前提。年终清理工作概括起来有 5 项，分别为：

1. 核对数字——年度预算收支

预算数字是考核决算和收支结算的重要依据，也是进行财政、财务结算基础的基础。财政管理实行的分级管理的体制，要求上下级之间、财政预算与部门预算之间、部门单位预算与所属单位预算之间，预算编制、预算执行以及决算的数字相互衔接，因此，每一个数字都不能错，否则会影响整个流程，此乃真正的"一着不慎，满盘皆输"。

因此，年终前应清理、核对一切数字，包括年度预算数字和各项领拨款项、上缴下拨款项数字，财政机关、上级单位和所属单位之间的全年预算数以及应上缴、拨补的款项等。每一项都要按规定逐笔清理结算，该下拨的下拨，该缴回的缴回，保证上下级之间的年度预算数、领拨经费数和上缴下拨数的一致。

注意：为了保证年终清理工作的顺利开展，本年上下级之间应上缴和应下拨的款项，必须在 12 月 31 日前汇达对方。各主管单位的各项预算拨款截至 12 月 25 日，逾期一般不再下拨。凡是预拨下年度的款项，应注明款项所属年度，以免造成跨年错账。

2. 清理核对——各项收支款项

按规定，截至年终前凡属本年的各项收入都要入账，本年度应缴国库的各项收入在年终前必须全部上缴国库；本年各项支出，应按规定的支出渠道如实列报。实行成本费用核算的收支要结合年终清理，认真审查核实，并把各项收益按规定转入有关收入账户。

注意：年度单位支出决算，一律以基层用款单位截止到 12 月 31 日的本年实际支出数为准。不得以拨款数代替支出数。

3. 分类核算——各项往来款项

各项预收、预付、借入、借出等往来款项需要按一定的标准分类处理，做到"别人欠的收回，欠别人的归还"，防止错账、死账延续到下个会计年度。

具体要求为，应当转作各项收入或各项支出的款项要及时转入各有关账户；对于各种委托代管业务，凡是业务已经结束的及时向委托单位清算结报，委托单位不得以拨作支，受托单位不得以领代报；对于手续尚未完备的各项预收、预付和其他长期挂账的往来款，要查明原因，采取措施，及时清理。

4. 清查盘查——货币资金和各项财产物资

对于单位的各种资金、财产、物资年终必须做到几个相符。即"银行存款"账面余额要与"银行对账单"的余额相符；"库存现金"的账面余额与"现金"的实际库存数相符；"有价证券"账面数字与"库存实有的有价证券"相符。

同时需要对各项资金、财产、物资，配备专人进行全面的清查盘点。将盘点的结果和账面数字进行核对，如有差异，在年终结账前应查明原因，并按规定做出处理，调整账务，做到账账相符、账实相符。

5. 及时结算——上下级之间的往来资金调剂

行政事业单位上下级之间用于调剂的资金属于"非财政性资金"，这笔资金具有特殊性，容易形成系统内部上下级之间的一种资金转移。因此，在年终清理时，需要特地地将其与财政性资金区别开来，分清渠道，认真核对。

"非财政性资金"在两种单位中比较突出：一类是占有较多资源，或是获得国家资助较多，在对外服务上收入较多的单位；另一类是在事业活动过程中存在资金的不足。对于前者可实行收入上缴的方法集中于有隶属关系的主管部门统筹安排使用；后者可以由上级主管部门将集中的下级收入和自行组织的收入，安排补贴给资金不足的行政事业单位。

处理这部分资金的要求为，需要对全年集中调剂的资金数额进行全面核对；附属单位上缴的资金应与行政事业单位缴款对应一致；行政事业单位对附属单位的补助应与收到上级单位的补助款对应一致。

二、年终结账

年终结账是在年终清理的基础上进行的，年终清理完毕后，财会人员需要对各个账户核对无误后，办理月结工作，结出各账户的本月合计数和全年累计数，然后再以此为基础进行年终结账工作。

年终结账包括年终转账、结清旧账和记入新账，其中以年终转账尤为重要。

1. 年终转账

转账记账凭证

年　　月　　日　　　　　　　凭证编号_____

摘　　要	借方科目		贷方科目		金额											记账符号
	总账科目	明细科目	总账科目	明细科目	亿	千	百	十	万	千	百	十	元	角	分	
附单据　　张	合计															

会计主管人员　　　　　　记账　　　　　　稽核　　　　　　制单

年终转账通常有如下两大流程：

（1）在对账簿记录核对无误后，进行12月份的月结，计算出各账户借方或贷方的12月份合计数和全年累计数，并结出该月的余额。

（2）根据各账户12月末的余额，将应对冲结转的各收支账户，按年终冲转办法结平，编制记账凭证，办理年终冲转结账，记入本年各有关总账和明细账。

2. 结清旧账

在年终转账的基础上，对结转后无余额的收支账户计出全年合计数，然后在下面画双红线，表示本账户全部结清。

转账记账凭证

年　　月　　日　　　　　　　　　凭证编号＿＿＿＿＿＿

摘　　要	借方科目		贷方科目		金额										记账符号
	总账科目	明细科目	总账科目	明细科目	亿	千	百	十	万	千	百	十	元	角 分	
附单据　张	合计														

会计主管人员　　　　　记账　　　　　稽核　　　　　制单

对年终有余额的账户，计出总累计数和结转下年数，在全年合计数下行摘要栏内，或旁边注明"结转下年"的字样，再在下面画双红线，表示年终余额转入新账（见图）。

转账记账凭证

年　　月　　日　　　　　　　　　凭证编号＿＿＿＿＿＿

摘　　要	借方科目		贷方科目		金额										记账符号
	总账科目	明细科目	总账科目	明细科目	亿	千	百	十	万	千	百	十	元	角 分	
附单据　张	合计													结转下年	

会计主管人员　　　　　记账　　　　　稽核　　　　　制单

3. 记入新账

记入新账是指年终将各账户的年终余额数直接记入新年度总账、明细账和日记账等的一项工作。一般来讲，各账户余额栏内都会预留空行，年终需要将各类余额数直接填进去，同时在摘要栏内注明上年"结转字样"，以示区别新年度的发生数。值得注意的是，记入新账不需编制记账凭证。

（1）事业收支年终的转账工作具体包括：

1）将事业收入、上级补助收入、附属单位上缴收入、其他收入本期发生额中的非专项资金收入结转入事业结余。

借记"事业收入"、"上级补助收入"、"附属单位上缴收入"、"其他收入"等账户；贷记"事业结余"账户。

2）将事业支出、其他支出本期发生额中的非财政、非专项资金支出，以及对附属单位补助支出、上缴上级支出的本期发生额结转入事业结余。

借："事业结余"；贷："事业支出——其他资金支出"或"事业支出——基本支出（其他资金支出）、项目支出（其他资金支出）"科目、"其他支出"，科目下各非专项资金支出明细科目、"对附属单位补助支出"、"上缴上级支出"科目。

3）根据"事业结余"账户的借贷双方发生额求出结余或超支。如贷方余额，反映行政事业单位自年初至报告期末累计实现的事业结余；借方余额，反映行政事业单位自年初至报告期末累计发生的事业亏损。

完成上述1）和2）的结转后，将本科目余额结转入"非财政补助结余分配"科目，借记或贷记"事业结余"，贷记或借记"非财政补助结余分配"科目，借记或贷记"事业结余"，贷记或借记"非财政补助结余分配"科目。

（2）经营收支年终的转账工作具体包括：

1）将经营收入本期发生额结转入"经营结余"。

借："经营收入"科目；贷："经营结余"。

2）将经营支出本期发生额结转入"经营结余"。

借："经营结余"；贷："经营支出"科目。

3）完成上述1）和2）的结转后，求出"经营结余"的借贷方余额：贷方余额，反映行政事业单位自年初至报告期末累计实现的经营结余弥补以前年度经营亏损后的经营结余；借方余额，反映行政事业单位截至报告期末累计发生的经营亏损。

如本科目为贷方余额，将本科目余额结转入"非财政补助结余分配"科目，借记本科目，贷记"非财政补助结余分配"科目；如本科目为借方余额，为经营亏损，不予结转。

年末结账后，本科目一般无余额；如有借方结余，反映行政事业单位累计发生的经营亏损。

【案例74】

某行政事业单位年终结账前，会计人员根据各账户余额，及其他有关记账凭证进行了年终转账。记录如下：

（1）本年已发生的财政补助收入18000000元，事业收入10486000元，附属单位缴款305000元，其他收入44000元，转入"事业结余"科目。

借：财政补助收入 18000000

事业收入 10486000

附属单位缴款 305000

其他收入 44000

贷：事业结余 28835000

（2）本年已发生的事业支出19243000元，上缴上级支出487000元，对附属单位补助20000元，转入"事业结余"科目。

借：事业结余 19750000

贷：事业支出 19243000

上缴上级支出 487000

对附属单位补助 20000

（3）将本年事业结余9592000元（28835000 - 19750000）转入"结余分配"科目。

借：事业结余 9085000

贷：非财政补助结余分配 9085000

（4）将本年已发生的经营收入1700000元，转入"经营结余"科目。

借：经营收入 1700000

贷：结营结余 1700000

（5）将本年已发生的经营支出1150000元，转入"经营结余"科目。

借：经营结余 1150000

贷：经营支出 1150000

（6）将本年经营结余550000元（1700000 - 1150000）转入"结余分配"科目。

借：经营结余 550000

贷：非财政补助结余分配 550000

（7）将结余分配科目中的本年事业结余9085000元，经营结余550000元，转入事业基金。

借：非财政补助结余分配　　　　　　　　　　　　9635000
　　贷：事业基金　　　　　　　　　　　　　　　　　　　9635000
进行完毕年终清理和年终结账，即着手编制年度报表。

第三章 掌握技能——反映财务状况把握单位金脉

作为会计人员，最核心的工作就是掌握做账的技能，以准确反映单位的资产状况，资金收支、来往、使用情况等。如熟悉各项会计科目，精通各项账务处理的处理方法，精准核算等，这都是会计最基础的基本功，每个相关人员必须掌握。

第一节 基本会计账簿类型

会计，在业务中接触最多的就是各式各样的账簿，账簿又称为会计账簿，是由一定格式、相互联系的账页所组成，用来记录经济业务的一种记录。是连接会计凭证和会计报表的中间环节，是会计最基础性的工作。因此，设置账簿，并按规定进行登记造册，也就成了会计工作中的一项重要内容。

由于在实际工作中往往会产生很多账簿，为了便于管理，通常会按照一定的标准进行分类。在目前的会计学中，最常见的有四种类型：总分类账、明细分类账、现金日记账和银行存款日记账。接下来，我们将一一认识这些账簿，包括建账原则、建账的内容、建账方法。

一、什么是会计账户

账户是会计账户的简称，是根据会计科目开设的，对会计要素进行分类核算的工具，是对会计对象内容进行反映和监督的一种方法。

1. 设置会计账户的意义

会计账户是根据会计科目开设的连续记录会计内容增减变动情况及其结果的载体。

稍微了解一些会计知识的人，应该都知道，会计科目是一切经济记录活动的基础。从填写原始凭证（如入库单、出库单、销售单等）到财务报表的编制（如资产负债表、利润表），再到总账的汇总（如总账、三栏明细账等），这一切的会计记录都离不开会计科目。在现代市场经济多元化发展的要求下，简单的会计科目，或者不设置会计科目已经无法满足单位经济活动期间的所有的会计对象。比如，一项经济活动消耗多少费用、费用去向、赚取的资金、回笼多少资金等，其运行轨迹都需要在会计科目中进一步反映。

【案例75】

随着财政国库管理制度改革，我国对行政事业单位会计科目的设置工作越来越重视。为了满足改革会计核算的需要，相关部门与时俱进、适时地增设了一些科目。

最具代表性的是资产类"零余额账户用款额度"和"财政应返还额度"的增设。（行政单位编号107，事业单位编号103，建设单位编号234）会计总账科目。（行政单位编号115，事业单位编号125，建设单位编号235）两个总账科目。

"零余额账户用款额度"科目增设后，预算单位实行国库集中支付改革前的"银行存款"资金，在"银行存款"科目下设置"特设账户"、原资产类"银行存款"科目核算内容改变为预算单位的自筹资金收入、以前年度结余和各项往来款等，并按原渠道进行核算。

"零余额账户用款额度"科目用于核算单位在财政下达授权支付额内办理的授权支付业务。借方，为登记收到财政下达的授权支付额度；贷方，为登记授权支付的支出数；借方余额反映未支用的授权支付额度。

"财政应返还额度"科目，借方，登记单位本年度财政直接支付实际预算指标数与财政直接支付实际支出数的差额；贷方，登记下年度实际支出的冲减数。财政授权支付年终结余资金账务处理时，借方登记单位零余额账户注销额度数，贷方登记下年度恢复额度数。

在原有会计科目的基础上，增设会计科目，是行政事业单位的财务管理，提高竞争力的需求。为了全面、连续、系统地记录经济业务活动的内容及整个运行轨迹，也为了详细了解会计要素的增减变动情况，补充会计科目的不足和局限性。

2. 设置会计账户的原则

会计账户的设置原则如表3-1所示。

表3-1 会计账户的设置原则

原则	具体内容
科学性和严密性	设置账户时应根据企业实际需要科学、严密地对某种现象予以反映,核算内容上要一致和配套,名称上含义要明确,表述上要严密
统一性和行业性	统一性是国家在统一汇总报表时的要求,因为不同的行业、部门设置不同的账户会增加国家在统一汇总时的难度;在统一性的要求下还应考虑行业特点,根据不同的行业资金运转情况开设相应的账户

3. 会计账户的分类

账户是用来记录经济业务的,设置会计账户的目的在于分门别类地记载各项经济业务,提供日常核算资料和数据,为编制会计报表提供依据(见表3-2)。

表3-2 会计账户的分类及内容

项目	具体内容
按反映的经济内容分类	资产类账户、负债类账户、所有者权益类账户、成本类账户、损益类账户等
按提供信息详细程度及其统驭关系分类	总分类账户和明细分类账户
按用途和结构分类	盘存账户、资本账户、债权账户、负债账户、跨期摊配账户、待处理账户、调整账户、集合分配账户、成本计算账户、集合汇转账户和财务成果账户

4. 会计账户的内容

会计账户是在分类的基础上登记经济业务数据的工具和场所,这就决定了它必须具有合理的结构。由于经济业务引起的各类会计要素的变动,从数量上看不外乎增加和减少两种情况。因而会计账户相应分为左右两方,一方登记增加额,另一方登记减少额。会计账户的格式可以多种多样,但其基本结构大致相同(见表3-3)。

表3-3 会计账户的内容

项目	具体内容
账户的名称	会计科目，规定账户所要记录的经济业务内容
日期	记载经济业务的日期
借贷方	增加方和减少方的金额及余额
凭证号数	说明记载账户记录的依据
摘要	概括说明经济业务的内容

一般账户的格式如表3-4所示。

表3-4 账户格式

日期	凭证号数	摘要	金额	日期	凭证号数	摘要	金额

账户名称（会计科目）　　　　　　　　　　　　　　　　第　页

在会计实务中，账户是根据以上的基本内容来设计账簿格式的。账户的基本结构通常可简化为丁字账户（或T形账户）表示，丁字账户的基本结构如下：

左方（借方）	账户名称（会计科目）	右方（贷方）
资产增加额		资产减少额
费用增加额		费用减少额
负债减少额		负债增加额
所有者权益减少额		所有者权益增加额
收入减少额		收入增加额

本期发生额是一个期间指标，它说明某类经济内容的增减变动情况。本期增加额与本期减少额相抵以后的差额，再加上期初余额，形成期末余额。余额是一个时点指标，它说明某类经济内容在某一时日增减变动的结果。通

常，账户的本期期末余额就是下期的期初余额。

上述四项金额的关系是：

本期期初余额 + 本期增加额 − 本期减少额 = 本期期末余额

上式中的本期期初余额、本期增加额、本期减少额和本期期末余额，称为账户的四个金额要素。应当指出的是，本期增加额和本期减少额是记在账户的左方还是右方、账户的余额反映在左方还是右方取决于账户的性质和类型。

二、记账方法

记账就是指在经济业务发生后，通过确认和计量，将经济信息转化成为会计信息，将会计信息记录在账户中的方法。记账方法有两类：单式记账法和复式记账法（见表 3 − 5）。

表 3 − 5 记账方法的分类及内容

项目	具体内容
单式记账法	单式记账法是对发生经济业务之后所产生会计要素的增减变动一般只在一个账户中进行记录的方法
复式记账法	复式记账法是在每一项经济业务发生后需要记录会计信息时，同时在相互联系的两个或两个以上的账户中，以相等的金额进行登记的一种记账方法
	复式记账法是相对于单式记账法的一个大的概念种类，它包括借贷记账法、增减记账法和收付记账法等，我国采用借贷记账法

1. 借贷记账法的概念

借贷记账法是以"借"、"贷"作为记账符号，使用借、贷相等的金额在两个或两个以上的有关账户中进行登记的一种记账法。这种方法源于 13 ~ 14 世纪的意大利，最初用来记录一些借贷资本家从贷主处借入款项，债权和债务的增减或变动情况，贷主名下的贷方归还记借方；将款项贷出时，计入借主名下的借方，收回记贷方。"借"和"贷"分别表示借贷资本家与债权人、债务人之间的债权债务关系。

随着社会经济的发展，借贷记账法也逐步得以改进和完善，"借"、"贷"二字也逐渐失去了最初的含义，成为纯粹的记账符号，用来反映企事业单位资产存在形态和权益的增减变化。

在借贷记账法中,"借"、"贷"仅仅是一种记账符号,表示"增加"或"减少",究竟是增加还是减少取决于账户的性质。借贷复式记账法的优势在于,不但不会破坏"会计平衡等式",还能够保证任何时候账户体系中所有账户的借方金额与贷方金额相等。

2. 借贷记账法的特点

借贷记账法,是以"借"、"贷"为记账符号,对每一笔经济业务都必须按照特有的记账规则在两个或者两个以上、相互联系的账户中进行登记的一种复式记账方法。借贷记账法的特点如表3-6所示。

表3-6　借贷记账法的特点

项目	具体内容
以"借"、"贷"为记账符号	"借"和"贷"作为纯粹的记账符号是比较抽象的,借和贷在反映数量的增减变化中都有双重含义,它们各自既反映增加,又反映减少
	资产类账户和费用成本类账户"借"表示增加,"贷"表示减少
	负债类账户、所有者权益类账户与收入类账户,"贷"表示增加,"借"表示减少
以"有借必有贷,借贷必相等"作为记账规则	以资产总额等于负债与所有者权益总额的平衡关系作为理论依据
	以"借"、"贷"作为记账符号,对发生的每项经济业务,都要以相等的金额、相反的方向登记在相互联系的两个或两个以上的账户中
进行试算平衡	按照记账规则将所有账户的当期发生额和期末余额的借方总额和贷方总额相对比,全部相等,说明试算平衡,账目无差错
	除了设置资产类(包括费用)账户和权益类(包括收入)账户外,还可以设置一些双重性质的账户

3. 借贷记账法下账户的基本结构

在借贷记账法下,账户按经济内容分为资产类账户、负债类账户、所有者权益类账户、收入类账户、费用类账户。账户统一地将左右两方分为借方和贷方,在丁字账户中,左方固定为借方,右方固定为贷方。确定账户结构的目的是分别规定借方、贷方发生额的内容和账户余额的方向,便于有规律地登记账户和结出账户的余额。

(1)资产类账户结构。在资产类账户中,资产的增加记录在账户的借方,资产的减少记录在账户的贷方，账户的余额在借方，资产账户期末余额的计算公式如下：

借方期末余额 = 借方期初余额 + 借方本期发生额 − 贷方本期发生额

如果用丁字账户表示资产类账户结构，如下：

借	资产类账户	贷
资产的期初余额 资产增加额		资产减少额
资产期末余额		

（2）负债类账户的结构。在负债类账户中，负债的增加记录在账户的贷方，负债的减少记录在账户的借方，账户的余额在贷方。负债账户期末余额的计算公式如下：

贷方期末余额 = 贷方期初余额 + 贷方本期发生额 − 借方本期发生额

如果用丁字账户表示负债类账户结构，如下：

借	负债类账户	贷
负债减少额		负债的期初余额 负债增加额
		负债的期末余额

（3）净资产类账户的结构。在净资产类账户中，净资产增加记录在账户的贷方，净资产减少记录在账户的借方，账户的余额在贷方。净资产账户期末余额的计算公式与负债账户相同，即

贷方期末余额 = 贷方期初余额 + 贷方本期发生额 − 借方本期发生额

如果用丁字账户表示净资产类账户结构，如下：

借	净资产类账户	贷
净资产减少额		净资产的期初余额 净资产增加额
		净资产的期末余额

（4）收入类账户的结构。损益类账户包括收入和费用（或支出、成本）账户，这些账户是反映会计主体在某一会计期间发生的收入和费用支出、成本开支情况。在某一会计期间结束时，收入与费用（支出）成本开支相抵后表现为所有者权益的增加或减少，因此，这类账户在期末通常没有余额，称为虚账户。对这类账户平时要进行发生额的记录，期末再转入所有者权益类

账户。

在收入类账户中，收入的增加记在账户的贷方，收入的减少记在账户的借方，期末本期发生的收入增加额减去本期发生的减少额的差额转入所有者权益类有关账户，期末无余额。

如果用丁字账户表示收入类账户结构，如下：

借	收入类账户	贷
收入减少或结转额	收入增加额	
本期发生额（收入减少额合计）	本期发生额（收入增加额合计）	

（5）支出或费用类账户的结构。在支出或费用类账户中，支出或费用的增加记在账户的借方，支出或费用的减少记在账户的贷方，期末本期发生的费用增加额减去本期发生的费用减少额的差额转入所有者权益类有关账户，期末一般无余额。如有余额，必定为借方余额，表示期末费用余额。

如果用丁字账户表示费用类账户结构，如下：

借	支出或费用类账户	贷
支出或费用增加额	费用减少额或结转额	
本期发生额（费用增加额合计）	本期发生额（费用减少额合计）	

4. 借贷记账法下的试算平衡

借贷记账法的试算平衡，是指根据会计等式的平衡原理，按照记账规则的要求来检查和验证账户记录是否正确。

按照借贷记账法试算平衡的要求，记入有关账户的每一项经济业务，会计分录，借、贷双方的发生额都必然相等。有贷必有借，借贷必相等，即所有账户的借方发生额合计数必然等于贷方发生额合计数；同时，期末结账后，全部账户借方余额合计数也必然等于贷方余额合计数。

因此运用借贷记账法的前提是进行试算平衡，看看借贷两方金额是否相等，账户记录是否正确。

在借贷记账法下，账户发生额及余额的试算平衡计算公式如下：

（1）记账规则：有借必有贷，借贷必相等。

【案例76】某单位现金存入银行现金100000元

分析：银行存款增加100000元，记入借方；现金减少100000元，记入贷方。

会计分录：

借：银行存款   100000

  贷：现金   100000

发生额平衡：根据记账规则推导，全部账户借方发生额合计＝全部账户贷方发生额合计。

（2）全部账户借方发生额合计＝全部账户贷方发生额合计。

【案例77】某单位12月份现金发放工资50000元

会计分录：

借：应付工资   50000

  贷：现金   50000

试算平衡工作，一般是在月末结出各个账户的本月发生额和月末余额后，通过编制总分类账户发生额试算平衡表和总分类账户余额试算平衡表来进行的，发生额和余额试算平衡表如表3-7和表3-8所示。

表3-7 各账户本期发生额试算平衡表

年   月   单位：

科目名称	本期借方发生额	本期贷方发生额	试算结果
合计			

表3-8 各账户余额试算平衡表

年   月   单位：

科目名称	借方发生额	贷方发生额	试算结果
合计			

如表3-7和表3-8所示的试算平衡表主要是从账户的发生额和余额的角度验证记账是否正确。

根据会计基本等式推导，借贷双方的余额也应该保持平衡：具体表现为两种形式：

（1）全部账户期初借方余额合计 = 全部账户期初贷方余额合计。

【案例78】

期初贷方余额30000，借方发生额80000，贷方发生额A70000，Bx；期末贷方余额50000，要求核算出贷方发生额B的数额。

根据试算平衡公式：全部账户本期借方发生额合计 = 全部账户本期贷方发生额合计原则。计算公式为：负债类账户期末余额 = 期初贷方余额 + 本期贷方发生额 − 本期借方发生额。即：50000 = 30000 + 70000 + B − 80000，B = 30000

（2）全部账户期末借方余额合计 = 全部账户期末贷方余额合计。

【案例79】

借方发生额A20000，B30000，贷方发生额35000，期末借方余额35000，要求根据以上数据核算期初余额。

资产类账户期末余额 = 期初借方余额 + 本期借方发生额 − 本期贷方发生额。即：35000 = X + 20000 + 30000 − 35000，X = 20000

三、会计凭证

1. 会计凭证的概念

会计凭证简称凭证，是反映经济业务、明确经济责任的书面证明，也是登记账簿的依据。

从概念得知，会计凭证在会计实务中的作用体现在以下两个方面：

第一，作为进行账务处理的依据，按照会计法的规定，记账一定要以经过审核无误的会计凭证为依据，否则会造成弄虚作假，也就是说，没有凭证，不能记账，从而保证会计核算的正确性。

第二，作为明确经济业务各有关方面责任的依据。由于会计凭证记录和反映了经济业务活动的发生和完成情况等具体内容，所以通过对会计凭证的严格审核，每一笔经济业务都要填制和取得会计凭证并且由经办人员在凭证上签名盖章，这就有利于分清责任。

通过会计凭证就可以检查每笔经济业务是否合理、合规和合法。一旦有违法违规的操作，就可找到责任人。

尤其是在第二点上会计凭证的监督性体现得十分明显。很多经济案件都是由此牵扯出来的。

【案例80】

某事业单位下设的机构欲下放给地方民营企业，原执行董事，兼任公司经理由秦某担任；公司监事由崔某担任。公司成立后，秦某未按公司章程召开股东会，崔某通过工商部门查询得知，公司自成立后已经召开过五次股东会议，话题是讨论股权的转让、增资和经营地址变更等事宜，而且在某些重要文件上还有自己的签名。

崔某认为，股东会决议及章程中自己的签名均非本人所为。并要求公司提供自成立至今的会计凭证（包括记账凭证及原始凭证）。秦某作为公司高层一直未予答复，崔某遂诉至法院，请求判令被告恒诚公司提供自成立至今的财务会计账簿（包括记账凭证及原始凭证）供崔某和其委托的注册会计师、律师查阅。

崔某的请求得到了法院的支持。

会计凭证是公司股东了解公司经营过程的原始依据，是公司股东知情权的重要保障，公司法第三十四条实际上是对股东知情权的确立和保障，在不损害公司权益的前提下，股东有权查阅公司会计凭证（即记账凭证及原始凭证），并有权委托专业人员代为查阅。

2. 会计凭证的意义

会计凭证对于完成会计工作任务，实现会计的职能，充分发挥会计的作用，具有重要意义（见表3-9）。

表3-9　会计凭证的意义

项目	内容说明
反映经济业务，传导经济信息	会计凭证是经济业务的载体，单位每发生一笔经济业务，经办业务的有关人员都必须按规定的程序和要求，及时取得或填制相应的会计凭证，如实加以记录，确保会计核算资料的真实性和正确性
	会计凭证也是登记账簿的依据，会计凭证所记录的有关信息是否真实、可靠、及时，对于能否保证会计信息质量，具有至关重要的影响

项目	内容说明
监督经济业务	经济业务发生时，会计主管或其他会计人员根据会计凭证的记录对经济业务进行会计监督，通过会计凭证的审核，可以查明每一项经济业务是否符合国家有关法律、法规和制度规定，是否符合计划、预算进度，是否有违法乱纪、铺张浪费行为等。同时，也有利于改进日常会计核算工作，改善企业经营管理，提高经济效益
明确经济责任	经济业务发生后，经办单位和个人都要填写会计凭证，由经办人员和有关人员签名或盖章，表明对该项经济业务承担的经济责任
	通过填制和审核会计凭证，可以明确经济责任，促使有关人员在自己的职责范围内严格按规章和制度办事
	一旦出现经济纠纷等有关问题，便于检查和分清责任，从而加强经济责任制，强化内部控制
登记账簿的依据	根据会计凭证登记会计账簿，表明经济业务发生的时间、内容、金额或数量，保证账簿记账的正确；将全部会计凭证的记录不重不漏地登记在账簿上，保证会计账簿的完整

3. 会计凭证的种类

会计凭证按其填制的程序和用途划分，可以分为原始凭证和记账凭证。

（1）原始凭证。

1）原始凭证的概念和分类。原始凭证又称原始单据，它是会计核算的原始资料和重要依据，是指在经济业务发生或完成时取得或填制的，是用以记录或证明经济业务的发生或完成情况的原始凭据。会计人员对不真实、不合法的原始凭证，不予受理；对记载不准确、不完整的原始凭证，应予以退回，要求更正补充。

①按来源分类，可以分为外来原始凭证和自制原始凭证。

A. 外来原始凭证是指在经济业务发生或完成时，从其他单位或个人直接取得的原始凭证，如购买材料时取得的增值税专用发票、银行转来的各种结算凭证、对外支付款项时取得的收据等。如"增值税专用发票"格式如下：

增值税专用发票

3200012143

No.

抵 扣 联

开票日期:

购货单位	名　　称:				密码区	
	纳税人识别号:					
	地址 、 电话:					
	开户行及账号:					

货物或应税劳务名称	规格型号	单位	数量	单价	金额	税率	税额
合　计							

税额合计	(大写)		(小写)

销货单位	名　　称:		备注	(销货单位盖发票专用章)
	纳税人识别号:			
	地址 、 电话:			
	开户行及账号:			

收款人: 　　复核: 　　开票人: 　　销货单位:(章)

B. 自制原始凭证是指由本单位内部经办业务的部门或个人，在执行或完成某项经济业务时自行填制的、仅供本单位内部使用的原始凭证，如收料单、领料单、限额领料单、工程价款结算单、借款单等。如"领料单"格式如下：

领 料 单

领料部门_____

生产通知单号数_____　　　　年　月　日　　　　No. 1128803

编号	品名	规格	单位	请领数量	实发数量	单价	金额									第二联财务
							百	十	万	千	百	十	元	角	分	
033	面粉		kg	500	500	5.40				2	7	0	0	0	0	
031	巧克力粉		kg	20	20	34.00					6	8	0	0	0	

制品名称: 巧克力花生糖　　　制造数量: 　　　领料用途: 生产产品

附件 张　　　　　　　　　　合计

主管: 　会计: 　记账: 　发料: 　领料: 　制单:

②按填制手续及内容分类，可以分为一次凭证、累计凭证和汇总凭证。会计凭证必须在经济业务发生时，由执行或完成该项经济业务的有关人员填制或取得，详细说明该项经济业务的内容，并在会计凭证上签名或盖章，明确责任。同时在填制或取得会计凭证后，需要由相关人员进行审核，签章后，经审核无误方可作为登记账簿的依据。

A. 一次凭证是指一次填制完成、只记录一笔经济业务的原始凭证，如购货发票、销货发票、收据、领料单、银行结算凭证等。一次凭证是一次有效的凭证。如"收料单"格式如下：

收 料 单

年　月　日　　　　　　　　　　　　　字第　　号

供应者：　　发票　　　号					年　　月　　日收到										
编号	材料名称	规格	送验数量	实收数量	单位	单价	成本总额								第
							十万	千	百	十	元	角	分		三
															联
															会
															计
合　计															
备注	验收人盖　章			合　计　￥＿＿＿＿											

会计：　　　　出纳：　　　　　复核：　　　　　记账：　　　制单：

B. 累计凭证是指在一定时期内多次记录发生的同类型经济业务的原始凭证。最具代表性的累计原始凭证是"限额领料单"。这类凭证的填制手续是多次进行才能完成的，并一般为自制原始凭证。如"限额领料单"格式如下：

限额领料单

领料部门：　　　　　　　　　　　　　　　发料仓号：

用途：　　　　　　　日期：　　　　　　　编号：00741

材料编号	材料名称	规格	计量单位	领用限额	实际领用采购部门			备注
					数量：	单价：	金额：	
日期	申请		实发			退回		
	数量	负责人（签章）	数量	发料人	领料人	数量	收料人	退料人	结余

生产计划部门：　　　　供应部门：　　　　发料人：　　　　领料人：

C. 汇总凭证也称原始凭证汇总表，是指对一定时期内反映经济业务内容相同的若干张原始凭证，按照一定标准综合填制的原始凭证。常用的汇总原始凭证有：发出材料汇总表、工资结算汇总表、销售日报、差旅费报销单等。如"差旅费报销单"格式如下：

差旅费报销单

填报日期

出差人			职务	采购员	部门	采购部门	审批人	
事件			起止日期					
地点								
项目金额		交通费		住宿费		其他		出差补助
总计（大写）								
原借金额		报销金额		结余金额				
				超支金额				

负责人：　　会计主管：　　　　　　　　会计：　　　出纳员：　　　出差人：

2) 原始凭证的填制。

①原始凭证的基本要素。原始凭证所反映的经济业务不尽相同，但都必须能够载明经济业务发生情况，明确经办人员责任。因此原始凭证都应具备一些共同的基本内容，通常称为凭证要素。即

A. 原始凭证的名称。

B. 填制凭证的日期和凭证编号。

C. 填制单位或接受单位名称。

D. 经济业务内容摘要。

E. 经济业务的实物数量、大小写金融。

F. 经办人员签章或单位公章或业务章等。

②原始凭证的填制要求。原始凭证是编制记账凭证的事实依据，为了正确、完整、及时记录各项经济业务，有必要对原始凭证的填制制定明确要求。原始凭证的填制要求如表 3－10 所示。

表3-10　原始凭证的填制要求

项目	内容说明
记录真实	就是要实事求是地填写经济业务的日期、业务内容、数量、金额等，确保凭证所记录的内容真实、可靠
内容完整	原始凭证上各项内容要逐项填制齐全，不得遗漏
	如有填写不全，公章模糊或其他不符合核算的，应开原始书面证明
填制及时	应根据经济业务发生或完成情况及时填制，不能提前，也不能事后补办
手续要完备	单位自制的原始凭证必须有经办业务的部门和人员签名盖章，对外开出的原始凭证必须加盖单位公章
	从外部取得的原始凭证，必须盖有填制单位的公章

③原始凭证的书写格式。

A. 原始凭证要用蓝色或黑色笔书写，字迹清楚、规范，填写支票必须使用碳素笔。

B. 阿拉伯数字应一个一个地写，不得连笔写。阿拉伯金额数字前面应写货币符号，货币符号与阿拉伯金额数字之间不得留有空白。凡阿拉伯数字前写有货币符号的，数字后面不再写"元"字。

C. 以"元"为单位的阿拉伯数字，除表示单价等情况外，一律填写到角分，无角分的应写"00"，有角无分，分位应写"0"，不得用符号"～"代替。

D. 汉字大写金额数字，一律用正楷字或行书字体书写，不得任意编造简化字，大写金额数字满拾元而不足贰拾元的，应在"拾"字前加写"壹"字；大写金额数字到元或角为止的，在"元"或"角"字之后应写"整"字。

E. 阿拉伯金额数字中间有"0"时，汉字大写金额要写"零"字，金额数字中间有多个连续"0"时，汉字大写金额只写一个"零"字。

F. 凡填有大写和小写金额的原始凭证，大写和小写金额必须相符。

④原始凭证的审核。只有经审核无误的凭证，才能作为记账的依据。为了正确反映并监督各项经济业务，确保会计信息的真实性、可靠性，应由专门人员严格审核原始凭证。原始凭证的审核内容如表3-11所示。

表 3-11 原始凭证的审核

内容	具体说明
完整性审核	完整性审核包括原始凭证应具备的基本要素完整和手续齐全
	要素完整，即原始凭证应具备的基本要素不可缺少，如发票上应有的财务公章、税务专用章、各联的用途、发票的编号等
	手续齐全，包括业务双方经办人是否签名或签章，需经领导签名批准的原始凭证应有领导人的亲笔签名。如果发现内容不完整的原始凭证，应退回补办相关手续
真实性审核	真实性审核是指会计人员根据业务经验对凭证所记载的经济业务内容进行的审查和判断
	经济业务的双方当事单位和当事人是否真实
	日期是否真实、业务内容是否真实、数据是否真实
	原始凭证来源是否真实
	对虚假的原始凭证发现后应报有关领导处理
合法性审核	合法性审核是会计人员根据相关的会计和其他财经法规对会计凭证的审核
	审核原始凭证是否反映合法的经济业务，是否按规定的程序办理
	对于违规、违法或违反会计处理程序的原始凭证应拒绝受理

（2）记账凭证。

1）记账凭证的概念和分类。记账凭证，亦称传票，是会计人员根据审核无误的原始凭证，按照经济业务的内容加以归类，是登记账簿的直接依据，是介于原始凭证与账簿之间的中间环节，是登记明细分类账户和总分类账户的依据。

①按适用的经济内容分类，分为收款凭证、付款凭证和转账凭证。

A. 收款凭证是用来记载现金和银行存款收入业务的记账凭证，可以作为登记现金、银行存款日记账和有关账簿的依据，也可以做出纳收款的证明。收款凭证的格式如下：

收 款 凭 证

总号银收 165

借方科目：银行存款　　　　　　　2010 年 10 月 15 日　　　　　　　分号＿＿＿＿＿

摘　　要	应 贷 科 目		√	金　　额										附件
	一级科目	二级科目和明细科目		千	百	十	万	千	百	十	元	角	分	
售给金陵公司 A 产品 300 吨	主营业务收入	A 产品	√		2	2	5	0	0	0	0	0	0	
	应交税费	应交增值税（销项税额）	√			3	8	2	5	0	0	0	0	3
														张
合　　　计					¥	2	6	3	2	5	0	0	0	0

财务主管：　　　复核：　　　记账：　　　制单：　　　收款人：

B. 付款凭证是用于现金和银行存款收入业务的记账凭证。它是出纳人员根据库存现金和银行存款付出业务的原始凭证编制的专用凭证，作为登记现金和银行存款等有关账户（账簿）的依据。付款凭证的格式如下：

付 款 凭 证

总号现付 220

贷方科目：库存现金　　　　　　　2010 年 3 月 21 日　　　　　　　分号＿＿＿＿＿

摘　　要	应 借 科 目		√	金　　额										附件
	一级科目	二级科目和明细科目		千	百	十	万	千	百	十	元	角	分	
财务部购办公用品	管理费用	办公费	√							2	2	0	0	0
														2
														张
合　　　计										¥	2	2	0	0	0

财务主管：　　　复核：　　　记账：　　　制单：　　　领款人：

C. 转账凭证是用于记载不涉及现金和银行存款收付业务的记账凭证，根据转账业务的原始凭证填制。在经济业务中，凡是不涉及现金和银行存款收付的业务，称为转账业务，如计提固定资产折旧、车间领用原材料、期末结转成本等。转账凭证会计人员根据有关转账业务的原始凭证编制的，作为记账依据的专用凭证。转账凭证的格式如下：

转 账 凭 证

总号＿＿＿＿＿＿

年 月 日

分号＿＿＿＿＿＿

摘 要	总账科目	明细科目	过账	借方金额										贷方金额										附凭证张
				千	百	十	万	千	百	十	元	角	分	千	百	十	万	千	百	十	元	角	分	
合 计																								

财务主管：　　　　复核：　　　　记账：　　　　制单：　　　　转账人：

②按用途不同分类，可分为汇总凭证和非汇总凭证。

汇总凭证是对分录凭证加以汇总，据以登记分类账户的凭证。

非汇总凭证是根据原始凭证编制，只反映某项经济业务记账凭证。

③按编制方法不同分类，可分为单式记账凭证和复式记账凭证。

单式记账凭证是指在每一个记账凭证上只记录一个会计的凭证，对其他账户的名称只作参考，不用来记账。

复式记账凭证是指某一经济业务所涉及的全部账户和其他对应关系都填写在同一张凭证上，便于查账，不便于分工记账和汇总。

2）记账凭证的填制。

①记账凭证的基本要素。记账凭证是根据审核无误的原始凭证填制的，记账凭证的格式多种多样，不同的企业根据自身经济业务的特点，可以设置不同格式的记账凭证。记账凭证的基本要素如下：

A. 记账凭证的名称（在实务中，凭证名称一般直接印好）。

B. 填制记账凭证的日期。

C. 记账凭证的编号。

D. 经济业务的内容摘要。

E. 经济业务所涉及的会计科目（包括一级科目、二级科目和明细科目）。

F. 签名或盖章。

G. 经济业务发生的金额及记账方向。

H. 所附原始凭证张数。

②记账凭证的填制要求。填制记账凭证是会计核算的重要环节，填制正确与否关系到记账的真实性。记账凭证的填制要求如下：

A. 必须以审核无误的原始凭证为依据。

B. 摘要的填写简明扼要，既能概括经济业务的要点，又便于登记账簿和账证核对。

C. 准确地使用会计科目，填写时不得简化或使用代号。

D. 记账凭证中要求填写的内容必须填写齐全，不得简化。

E. 按规定对凭证编号，附件完整。

③记账凭证书写应注意的事项。记账凭证的基本功能是根据借贷记账法的做账规则编制会计分录，编制会计分录必须填写会计科目，书写应注意的事项如下：

A. 使用统一会计制度规定的会计科目，以保证核算口径一致，既便于前后期的比较，也便于进行逐级汇总，为宏观经济管理服务。

B. 一级科目、二级科目或明细科目填写齐全，对应关系清楚，金额正确无误。

C. 在书写时，文字不要占满格，一般应占格距高度的 1/2，上面留有一定的空格，便于更正差错。

D. 字迹必须清晰、工整。

3）记账凭证的审核。记账凭证是登记账簿的直接依据，为了保证账簿记录的正确性以及整个会计信息的质量，记账前必须由专人对已编制的记账凭证进行认真、严格的审核。记账凭证的审核内容如下：

①记账凭证是否附有原始凭证，记账凭证的内容与所附原始凭证的内容是否相符，金额是否一致。

②凭证中会计科目的使用是否正确，二级科目或明细科目是否齐全，账户对应关系是否清晰，金额计算是否准确无误。

③记账凭证中有关项目是否填列齐全，有关人员是否签名盖章。

④记账凭证的填制是否及时。

在审核中若发现记账凭证填制有错误，应查明原因并予以重填或者按照规定的方法及时更正。只有经审核无误的记账凭证，才能据以记账。

4）会计凭证的传递与保管。

①会计凭证的传递，是指会计凭证从取得或填制时起到归档和保管时止，在本单位内部各有关部门和人员之间的传递程序和传递时间。会计凭证传递的内容如表3-12所示。

表3-12　会计凭证的传递

项目	具体说明
会计凭证的传递程序	会计凭证的传递程序，是会计管理制度的一个重要组成部分，应当在制度中作出明确的规定。各种会计凭证所记录的经济业务不同，所涉及的部门不同，所要办理的业务手续也不尽相同
	为了使会计凭证有序地传递，并符合内部牵制的原则，应当为各种会计凭证规定科学、合理的传递程序，明确取得或填制会计凭证以后，应交到哪个部门、哪个工作岗位上，由何人接办业务手续，直至归档保管为止
	如果凭证为一式数联的，应当具体规定每一联移交何处，有何用途
会计凭证传递时间	会计凭证传递时间，是会计凭证从取得或填制至归档保管间隔的时间。各种会计凭证所反映的经济业务的内容、性质不同，所涉及的内部控制制度的规定有所区别，所以传递时间的长短也不尽一致
	经济事项重要，控制制度严格，控制环节较多的业务，会计凭证传递的时间相对长一些；反之，则相对短一些
	各单位为了使每个工作环节有序衔接，相互督促，提高工作效率，确保会计核算的质量，应当根据办理各项业务手续所需要的时间，规定会计凭证的传递时间
	在规定中，应具体明确会计凭证在各部门、各业务环节的停留时间和有关人员的责任，保证及时反映会计信息
会计凭证传递过程中的交接签收制度	各单位应设立传递凭证登记簿，可登记制证或接办日期、凭证种类和名称、编号、张数、经办人签章、交接时间、接办人签章等
	会计人员对业务部提交的原始凭证进行审核确认无误后，编制记账凭证，然后交稽核人员审核。审核后，不同的凭证交给不同的人员
	出纳人员一般不得填制记账凭证，只有一些零星的现金收付业务可由出纳人员直接审核后，办理收付款手续，并填制记账凭证

②会计凭证的保管。会计凭证是各项经济活动的历史记录，是重要的经济档案。为了便于随时查阅和使用，各种会计凭证在办理好各项业务手续，并据以记账后，应由会计部门加以整理、归类，并送交档案部门妥善保管。会计凭证保管的内容如表3-13所示。

表 3 - 13 会计凭证的保管

项目	具体说明
会计凭证的整理归类	会计部门在记账以后，应定期（一般为每月）将会计凭证加以归类整理，即把记账凭证及其所附原始凭证，按记账凭证的编号顺序进行整理，在确保记账凭证及其所附原始凭证完整无缺后，将其折叠整齐，加上封面、封底，装订成册，并在装订线上加贴封签，以防散失和任意拆装
	在封面上要注明单位名称、凭证种类、所属年月和起讫日期、起讫号码、凭证张数等
	会计主管或指定装订人员要在装订线封签处签名或盖章，然后入档保管
会计凭证的造册归档	每年的会计凭证都应由会计部门按照归档的要求，负责整理立卷或装订成册。当年的会计凭证，在会计年度终了后，可暂由会计部门保管 1 年，期满后，原则上应由会计部门编造清册移交本单位档案部门保管
	档案部门接收的会计凭证，原则上要保持原卷册的封装，个别需要拆封重新整理的，应由会计部门和经办人员共同拆封整理，以明确责任
	会计凭证必须做到妥善保管，存放有序，查找方便，并要严防毁损、丢失和泄密
会计凭证的借阅	会计凭证原则上不得借出，如有特殊需要，须报请批准，但不得拆散原卷册，并应限期归还。需要查阅已入档的会计凭证时，必须办理借阅手续
	其他单位因特殊原因需要使用原始凭证时，经本单位负责人批准，可以复制。但向外单位提供的原始凭证复印件，应在专设的登记簿上登记，并由提供人员和收取人员共同签名或盖章
会计凭证的销毁	会计凭证的保管期限，一般为 15 年。保管期未满，任何人都不得随意销毁会计凭证。按规定销毁会计凭证时，必须开列清单，报经批准后，由档案部门和会计部门共同派员监销
	在销毁会计凭证前，监督销毁人员应认真清点核对，销毁后，在销毁清册上签名或盖章，并将监销情况报告本单位负责人

四、会计账簿及其分类

1. 会计账簿的概念

会计账簿简称账簿，是以会计凭证为依据，是由一定格式的账页组成，对全部经济业务进行全面、系统、连续、分类的记录和核算的簿籍。

2. 设置会计账簿的意义

设置和登记会计账簿是会计工作的重要环节，通过会计凭证的填制和审核，可将每日发生的经济业务记录如实反映在会计凭证上。为了全面、系统、连续地反映企事业单位的经济活动和财务收支情况，需要把会计凭证所记载的大量分散的资料加以分类、整理。

对于"不依法设置账簿"的行为国家有明文规定，根据《会计法》的规定，应当承担的法律责任是，由县级以上人民政府财政部门责令限期改正，对单位处以3000元以上5万元以下的罚款。并对其直接负责的主管人员可以处以2000元以上2万元以下的罚款，属于国家工作人员的，由其所在单位或有关单位依法给予行政处分。

【案例81】

山东章丘市某法兰厂，属于个人承包下的集体企业，职工10人，固定资产20万元。2001年1～11月份申报销售收入13.2万元，缴纳增值税0.79万元。在2001年12月份开展的对小规模企业的专项检查中，章丘市局在对该单位进行纳税检查时，发现其申报收入与生产经营规模不相符，检查其账簿，未发现线索，经询问会计为兼职，老板给她多少单据资料，其记载多少内容，实际经营情况难以在账簿上全面真实反映。

这说明单位为了少缴或不缴税款，私自造假账或不设置账簿的现象十分普遍，小规模企业尤其突出。造成这种现状的原因是少数纳税人受自身利益的驱使，为了偷逃税款而造假账或不设置账簿。

该厂的行为违反了国家的相关法律，必将受到制裁。依法设置会计账簿是企事业单位发展的需求，尤其是部分事业单位对其要求更为严格。通过账簿记录，既能对经济活动进行序时核算，又能进行分类核算；既可提供各项总括的核算资料，又可提供明细核算资料。主要表现在以下三个方面：

（1）通过设置和登记账簿，可以系统地登记归纳和积累会计信息资料，将会计凭证所记录的经济业务按其不同性质进行分类汇总，把企业经营活动情况，收入的构成和支出的情况，财物的购置、使用、保管情况，全面、系统地反映出来，用于监督计划、预算的执行情况和资金的合理有效使用，促使企业改善经营管理。

（2）通过设置和登记账簿，可以为计算财务成果和编制会计报表提供依据。根据账簿记录的费用、成本和收入、成果资料，可以计算一定时期的财务成果，检查费用、成本、利润计划的完成情况。经核对无误的账簿资料及其加工的数据，为编制会计报表提供总括和具体的资料，是编制会计报表的主要依据。

（3）通过设置和登记账簿，利用账簿的核算资料，为开展财务分析和会计检查提供依据。通过对账簿资料的检查、分析，可以了解企业贯彻有关方针、政策、制度的情况，可以考核各项计划的完成情况。

3. 设置会计账簿的作用

通过设置和登记账簿，可以起到保护货币资金以及其他财产物资安全、完整的作用。如通过设置和登记现金日记账和银行存款日记账，可以了解库存现金和银行存款的来龙去脉以及结存情况，起到保护库存现金和银行存款的作用；又如通过设置和登记原材料账，可以得到一定时期内原材料的数量和金额的增加变动信息以及某一时点上原材料的结存情况。

设置与登记会计账簿的作用如下：

（1）可以全面、系统、连续地反映经济业务，提供总括指标和明细指标的数据。

（2）账簿提供的会计信息，是进行日常管理的主要依据。

（3）账簿提供的会计信息，是编制会计报表的基础。

（4）账簿提供的信息，有助于会计分析、会计检查与审计工作。

4. 会计账簿的分类

账簿和会计账户不同，账簿是记录会计账务的书面材料，一本账簿中可以只记录一个账户的内容，也可以多个账户的内容都记录在同一本账簿里。会计账簿的分类如表 3 - 14 所示。

表 3 - 14　会计账簿的分类及内容

分类依据	账簿类别	内　　容
按其用途分类	分类账簿	分类账簿又称分类账，是指对全部经济业务按照账户进行分类登记的账簿。分类账簿按照反映指标的详细程度划分，分为总分类账簿和明细分类账簿
		总分类账簿又称总分类账，或简称总账，是按照总分类账户开设，用以记录全部经济业务，提供总括核算指标的分类账簿
		明细分类账簿又称明细分类账，或简称明细账，是按照总分类账户所属的明细账户开设，用以分类记录某类经济业务，提供比较详细的核算指标的分类账簿

分类依据	账簿类别	内　　容
按其用途分类	序时账簿	序时账簿又称日记账，是按照经济业务发生的时间先后顺序，逐日逐笔连续进行登记的账簿。按其记录的内容不同，序时账簿又分为普通日记账和特种日记账两种
		普通日记账是用来登记全部经济业务发生情况的日记账，也称分录簿，是把每天发生的全部经济业务，按照发生时间的先后顺序，编制会计分录，逐笔记入日记账中
		特种日记账是专门用来登记某一类经济业务发生情况的日记账。通常把某一类繁多、重要的经济业务，按照发生时间的先后顺序，记入特种日记账中
		特种日记账是从普通日记账中分离出来而单独设置的日记账。常用的特种日记账有现金日记账和银行存款日记账
	备查账簿	备查账簿又称辅助性账簿，是对某些未能在分类账簿和序时账簿中登记的事项进行补充登记的账簿，主要用来记录一些供日后查考的有关经济事项。如以经营租赁方式租入的固定资产登记簿等
		备查账簿是对账簿记录的一种补充，主要起备忘参考和补充某些信息的作用
按其外形分类	订本式账簿	订本式账簿简称订本账，是在启用前，就将若干账页固定装订成册并连续编号的账簿
		采用订本账可以防止人为抽换账页，避免账页散失，但同一本账簿在同一时间只能由一人记账，不便于分工记账
		由于账页固定，在使用前必须估计每一账户所需要的账页张数，预留账页。如果预留账页不足，会影响账簿记录的连续性；反之，如果预留账页太多，会造成浪费
		在实际工作中，比较重要的账簿如总账、现金日记账、银行存款日记账一般采用订本式账簿
	活页式账簿	活页式账簿简称活页账，是指由若干张零散的账页根据需要自行组合成的账簿。使用活页账，账页事先不装订在一起，可根据需要随时将空白账页加入账簿
		由多人分工记账，节省账页，且登记方便。为避免账页散失和被抽换，已经登记的账页应连续编号，并装置在账夹之中，并由登记人员和其他有关人员签章。在更换新账后，应将其装订成册或予以封扎，并妥善保管
		活页式账簿主要适用于各种明细账

续表

分类依据	账簿类别	内 容
按 其 外 形 分 类	卡片式账簿	卡片式账簿简称卡片账,是用印有特定格式的卡片登记经济业务的账簿。卡片式账簿可以根据经济业务的情况需要随时增减
		使用比较灵活,并可跨年度使用,无须经常更换,但容易散失。因此,卡片式账簿必须按顺序编号,存放在卡片箱里由专人保管,使用完毕不再登记时,将卡片串孔固定保管
		卡片式账簿一般适用于所记内容比较固定的明细账,如固定资产明细账等

　　每种账簿都有其相应的适用范围,对不同的账户要使用的账簿也有相应的规定,如银行存款和现金的日常支出,必须建立日记账,而日记账则必须使用订本账簿来记录等。

第二节　总分类账

一、总分类账

　　总分类账又叫总账,是行政事业单位常设账簿之一,也是需要每个会计人员必须掌握的一种账簿类型。因为,总账隶属一级账目,居于各种账簿之首,总领统御明细类账目。所提供的核算资料是编制其他会计报表的基础和依据。

　　换句话说,作为一个会计如果不懂得如何设置、登记总分类账,就无法更好地开展其他工作。那么,什么是总分类账?即是指按照总分类科目而设置的、对全部经济业务、总括核算资料进行核算和登记的一类账簿。简单一点说,就是一个综合性的信息系统,它的主要目的是向内外提供有价值的信息。

　　为使所提供的信息达到质量标准,满足需求,会计在建立总账时必须要遵循一定的建账原则,做到客观、准确、及时。然而,很多初入会计行业的新人却没有真正重视起来,或缺乏专业知识,或缺乏意识,或缺乏自责任心。在建账时过于随意,没有按照相关规定操作,导致出现诸多低级错误,数据失实,漏洞百出。

　　会计在建立总账时必须遵循以下三个原则:

1. 总账科目名称与规定的会计科目名称保持一致

总账属于一级科目，起着分类汇总的作用，因为其下通常会设若干明细账科目，总分类账与明细账必须保持一致。因此，为确保账簿记载信息的正确性、有针对性，便于使用者整理和查阅，会计人员应根据需求，业务的内容和性质明确地表示出来，尤其是在"总账科目"上要体现出来。如生产资料总账目、银行存款总账目、销售业绩总账目等。

附：

表 3-15 《国家统一会计制度》会计账目与名称对照表 1

	代码和名称	代码和名称	代码和名称	代码和名称	代码和名称	代码和名称
资产类	1001 库存现金	1002 银行存款	1003 存放中央银行款项 银行专用	1011 存放同业 银行专用	1015 其他货币资金	1021 结算备付金 证券专用
	1031 存出保证金 金融共用	1051 拆出资金 金融共用	1101 交易性金融资产	1121 应收票据	1122 应收账款	1123 预付账款
	1131 应收股利	1132 应收利息	1211 应收保户储金 保险专用	1221 应收单位追偿款 保险专用	1222 应收分保账款 保险专用	1223 应收分保未到期 责任准备金 保险专用
	1224 应收分保保险 责任准备金 保险专用	1231 其他应收款	1241 坏账准备	1251 贴现资产 银行专用	1301 贷款 银行和保险共用	1302 贷款损失准备 银行和保险共用
	1311 代理兑付证券	1321 代理业务资产	1401 材料采购	1402 在途物资	1403 原材料	1404 材料成本差异
	1406 库存商品	1407 发出商品	1410 商品进销差价	1411 委托加工物资	1412 包装物及低值 易耗品	1524 长期股权投资
	1525 长期股权投资 减值准备	1531 长期应收款	1541 未实现融资收益	1601 固定资产	1603 固定资产 减值准备	1604 在建工程
	1602 累计折旧	1606 固定资产清理	1701 无形资产	1702 累计摊销	1703 无形资产 减值准备	1711 商誉
	1801 长期待摊费用	1811 递延所得税资产	1901 待处理财产损溢			

表 3-16 《国家统一会计制度》会计账目与名称对照表2

2001 短期借款	2011 同业存放 银行专用	2003 拆入资金 金融共用	2004 向中央银行借款 银行专用	2002 存入保证金 金融共用	2012 吸收存款 银行专用
2021 贴现负债 银行专用	2101 交易性金融负	2201 应付票据	2202 应付账款	2205 预收账款	2211 应付职工薪酬
2221 应交税费	2231 应付股利	2232 应付利息	2241 其他应付款	2251 应付保户红利 保险专用	2261 应付分保账款 保险专用
2401 预提费用	2411 预计负债	2501 递延收益	2601 长期借款	2602 长期债券	2721 独立账户负债
2801 长期应付款	2802 未确认融资费用	2811 专项应付款	2901 递延所得税负债		

（负债类）

表 3-17 《国家统一会计制度》会计账目与名称对照表3

共同类	3001 清算资金往来	3002 外汇买卖 金融共用	3101 衍生工具	3201 套期工具	3202 被套期项目
所有者 权益类	4001 实收资本	4002 资本公积	4101 盈余公积	4102 一般风险准备 金融共用	4103 本年利润	4104 利润分配
成本类	5001 生产成本	5101 制造费用	5201 劳务成本	5301 研发支出	5401 工程施工	5402 工程结算

需要注意的是，会计总账科目是由《国家统一会计制度》统一规定，不能随便撤换、更改、私自捏造。会计人员在设置账簿科目时必须明确这一点，与所规定的名称保持一致。

表3-18 《国家统一会计制度》会计账目与名称对照表4

	6001 主营业务收入	6011 利息收入	6021 手续费收入	6031 保费收入	6032 分保费收入	6041 租赁收入 租赁专用
损益类	6051 其他业务收入	6203 摊回分保费用	6301 营业外收入	6401 主营业务成本	6402 其他业务支出	6405 营业税金及附加
	6411 利息支出	6421 手续费支出	6601 销售费用	6602 管理费用	6603 财务费用	6701 资产减值损失
	6711 营业外支出	6801 所得税	6901 以前年度损益调整			

2. 依据账务需要选择总账格式

根据财政部《会计基础工作规范》的规定，总账的格式主要有三栏式、多栏式（日记总账）、棋盘式和科目汇总表总账等（见表3-19和表3-20）。可依据会计账务处理程序的需要自行选择总账的格式。

表3-19 三栏式总账示例

编号

会计科目名称：公共支出总分类账

年 2014		凭证号		摘要	借方金额	贷方金额	借或贷	余额	核对
月	日	字	号						

表 3-20 多栏式总账示例

编号

会计科目名称：公共支出总分类账

年		凭证号		摘要	借方金额	贷方金额	借或贷	余额	借方发生	
月	日	字	号						直接成本	间接成本

3. 装订成册

为保护总账记录的安全完整，总账一般应采用订本式。实行会计电算化的单位，用计算机打印的总账必须连续编号，以防失散。经审核无误后装订成册，并由记账人、会计机构负责人、会计主管人员签字或盖章。科目汇总表总账可以是活页式。

二、总分类账的内容设置

由上一节得知，总账账簿大都采用订本式的，格式为三栏式或多栏式。下面主要谈一下总账的内容设置，按照规定，所有的账簿开头统一标明"日期"、"凭证号"和"摘要"栏；正文设有"借方"、"贷方"、"余额"这三个必不可少的内容；然后再根据实际需要在"借方"、"贷方"两栏内增设"对方科目"一栏。

在具体填写过程中，可按照以下登记方法进行：

（1）日期栏。这里的日期指的是业务发生的具体日期，即记账凭证的日期；如果为汇总登记总账，则为填写汇总凭证的日期。

（2）凭证字、号栏。凭证由字和号组成，是不同账簿之间区分的重要标志，不同的账簿类型，填写的方式有所不同。科目汇总表，填写"科汇"字及其编号；汇总记账凭证，填写"现（银）汇收"字及其编号、"现（银）汇付"字及其编号和"汇转"字及其编号；多栏式日记账可填写日记账的简称，如现金收入日记账可缩写为"现收账"，现金支出日记账可缩写为"现支账"。

（3）摘要栏。这一栏主要填写凭证的内容简要，所填写的内容应与对应会计资料中的内容保持一致。对于记账凭证，内容要与记账凭证中的内容一致；对于科目汇总表总账，应填写"某月科目汇总表"或"某月某日的科目汇总表"字样；对于汇总记账凭证，应填写每一张汇总记账凭证的汇总依据，即依据第几号记账凭证至第几号记账凭证而来的；对于多栏式日记账登记总账的单位，应填写日记账的详细名称。

（4）借、贷方金额栏。填写所依据的凭证上记载的各总账账户的借方或贷方发生额。

借方金额							贷方金额						
万	千	百	十	元	角	分	万	千	百	十	元	角	分
6	5	0	0	0	0	0	3	8	0	0	0	0	0

（5）借或贷栏。登记余额的方向，如余额在借方，则写"借"字；如余额在贷方，则写"贷"字。如果期末余额为零，则在"借或贷"栏写"平"字，并在"余额"栏的中间画一"／"符号。

（6）余额。

余额						
万	千	百	十	元	角	分
2	7	0	0	0	0	0

三、总分类账建账的方法

总分类账的登记依据和方法，主要取决于所采用的会计核算形式。它可以直接根据各种记账凭证逐笔登记，也可以先把记账凭证按照一定方式进行汇总，编制成科目汇总表或汇总记账凭证等，然后据以登记。

总分类账的登记方法，总体分为三类：一是根据记账凭证逐日登记；二是将一定时期的记账凭证汇总编制成"汇总记账凭证"或"科目汇总表"（或"记账凭证汇总表"），再据以登记总账；三是直接根据多栏式现金和银行存款日记账登记总账。

采用哪种方法登记总账，取决于所采用的会计核算组织形式。但不论采用哪种方法登记总账，每月都应将本月发生的经济业务全部登记入账。并于月份终了结算出每个账户的本期借、贷方发生额及其余额。与所属明细账余额的合计数核对相符后，作为编制会计报表的主要依据。

第三节　明细分类账

一、明细分类账

明细分类账簿亦称明细账，是根据各单位的实际需要，按照总分类科目的二级科目或三级科目分类设置并登记全部经济业务的会计账簿。

能够为会计报表的编制，提供反映某一类经济业务详细情况的资料，并对其所隶属总账起补充和说明作用。

二、明细分类账建账方法

根据经济管理的需要和各明细分类账记录内容的不同，明细账可以采用三栏式、多栏式和数量金额式。

1. 三栏式明细账

三栏式明细账在账页中设有借方、贷方和余额三个金额栏。为区别总分类账中的三栏式，在实际工作中，将明细账中的三栏式，称为甲式账。

三栏式明细账结构如下：

明 细 分 类 账

_____科目_____

年	记账凭证	摘要	对方科目	页数	借　方											贷　方											借或贷	余额										
月日					十	亿	千	百	十	万	千	百	十	元	角	分	十	亿	千	百	十	万	千	百	十	元	角	分		十	亿	千	百	十	万	千	百	十	元	角	分

三栏式明细账是根据记账凭证，按经济业务发生的顺序逐日逐笔进行登记的。其他各栏目的登记方法与三栏式总账相同。

2. 数量金额式明细账

该明细账的账页，设有收入、发出和结存三大栏次，并在每一大栏下设有数量、单价和金额三个小栏目。由于在明细账中有了甲式账，在实际工作中将数量金额式明细账称为乙式账。

数量金额式明细账结构如下：

年		凭证		摘要	收入			发出			结存		
月	日	字	号		数量	单价	金额	数量	单价	金额	数量	单价	金额

数量金额式明细账一般是由会计人员和业务人员（如仓库保管员），根据原始凭证按照经济业务发生的时间先后顺序逐日逐笔进行登记。数量金额式明细账的具体登记方法如下：

（1）凭证字、号栏：填写按所依据的原始凭证的字和号进行。如收料单的"收"字、领料单的"领"字、产成品入库单的"入"字和出库单的"出"字。

（2）三个数量栏：填写实际入、出库和结存的财产物资的数量。

（3）入库单价栏和金额栏按照所入库材料的单位成本登记。

（4）出库栏和结存栏中的单价栏和金额栏，登记时间及登记金额取决于所采用的期末存货计价方法。在采用月末一次加权平均法下，出库和结存的单价栏和金额栏一个月只在月末登记一次。

3. 多栏式明细账

多栏式明细账是根据经济业务的特点和经营管理的需要，在一张账页上按有关子目或细目分设若干栏目，以集中反映各有关明细科目的核算资料。按照明细账所记经济业务的特点不同，多栏式明细账可以采用借方多栏式、贷方多栏式和借贷方多栏式三种格式。

（1）借方多栏式明细账。该账是在账页中设置借方、贷方和余额三个金额栏，并直接在借方栏再按明细项目分设若干专栏，也可对借方栏再单独开设借方金额分析栏并在栏内按照明细项目分设若干专栏。

它适用于借方需设置多个明细项目的成本、费用类账户的明细分类核算。如"物资采购"、"生产成本"、"管理费用"等明细账。

依据记账凭证顺序逐笔逐日登记。各明细项目的贷方发生额因其未设置贷方专栏，则用"红字"登记在借方栏及明细项目专栏内，以表示对该项目金额的冲销或转出。

（2）贷方多栏式明细账。该账是在账页中设置借方、贷方和余额三个金额栏，并直接在贷方栏再按明细项目分设若干专栏，也可对贷方栏再单独开设贷方金额分析栏并在栏内按照明细项目分设若干专栏。

它适用于贷方需设多个明细项目的收入、资本类账户的明细分类核算。如"主营业务收入"、"营业外收入"等明细账。

（3）借贷方多栏式明细账。该账属于特种明细账，在账页中不仅设有借方、贷方和余额三个金额栏，同时借方和贷方下分别设有若干明细科目。

它适用于借贷双方都需要设置多个栏目进行登记的分类核算，如"本年利润"、"材料采购"、"材料成本差异"等明细账。

第四节 现金日记账

一、现金日记账的设置

现金日记账是用来核算和监督库存现金每天的收入、支出和结存情况的账簿，其格式有三栏式和多栏式两种。无论采用三栏式还是多栏式现金日记账，都必须使用订本账。三栏式现金日记账设借方、贷方和余额三个基本栏目。在"金额"栏与"摘要"栏之间常常插入"对方科目"，以便记账时标明现金收入的来源科目和现金支出的用途科目。三栏式库存现金日记账的格式如下：

现 金 日 记 账

_____科目_____

年		凭证		摘要	对方科目	借方										核对	贷方										核对	借或贷	余额										核对
月	日	种类	号数			亿	千	百	十	万	千	百	十	元	角	分		亿	千	百	十	万	千	百	十	元	角	分			亿	千	百	十	万	千	百	十	元	角	分	

二、现金日记账的登记方法

现金日记账由出纳人员根据审核无误的现金收付款凭证，逐日逐笔序时登记，涉及银行存款与现金之间的收付业务，如从银行提取现金，应当根据银行存款付款凭证登记。现金日记账的登记方法如表 3 – 21 所示。

表 3 – 21 现金日记账的登记方法

项目	具体内容
日期栏	登记现金实际收付日期
凭证号数栏	登记收款凭证、付款凭证的种类和编号，如现收×、现付×等
摘要栏	摘要说明登记入账的经济业务的内容
对方科目栏	登记与现金收入或付出相对应的科目名称，对方科目反映了现金收入的来源和付出的用途，便于了解经济业务的来龙去脉
收入、支出栏	逐笔登记现金的实际收付金额，多栏式现金日记账中，现金收入要按对应科目，将金额记入有关的"贷方科目"各专栏内，同时加计收入合计
	现金支出要按对应科目，将金额记入有关的"借方科目"各专栏内，同时加计支出合计
结余栏	登记现金结余金额，每日终了应分别计算出现金收入和付出的合计数，结出账面余额（通常每笔现金收入或支出后，都要随时计算出一个余额），同时将余额与出纳员保管的库存现金相核对，即通常说的"日清"
	如账实不符，应查明原因
	每月末应计算本月合计，即本月的收入合计、付出合计和月末余额，即通常说的"月结"

采用收入和支出分设账本的多栏式现金日记账时，登记方法有两种：

（1）由出纳人员根据审核后的收、付款凭证，逐日逐笔登记现金收入日记账和支出日记账，每日业务结束时，在支出日记账中计算出当日"支出合计"数，并将"支出合计"数由支出日记账转记到收入日记账的"支出合计"栏；最后，在收入日记账中计算当日账面结余额。会计人员应对多栏式现金日记账的记录加强检查、监督，并负责于月末根据多栏式现金日记账各专栏的合计数，分别登记总分类账的各有关账户。

【案例82】

某单位9月20日提取现金100（借：库存现金100，贷：银行存款100）；9月25日销售收到现金500（借：库存现金500，贷：主营业务收入500）；9月30日结转成本（借：主营业务成本，贷：库存商品）。

现金日记账

| | | | 年　月　日 | | 凭证号 |

日期	摘要	对方科目	收入	支出	结存
9.20	提取现金	银行存款	100		
9.25	收到货款	主营业务收入	500		

注：9月30日结转成本与现金无关，不登记"现金日记账"。

（2）另外设置现金出纳登记簿，由出纳人员根据审核后的收、付款凭证逐日逐笔登记，以便逐笔掌握库存现金收付情况和同银行核对收付款项。然后将收、付款凭证交由会计人员据以逐日汇总登记多栏式现金日记账，并于月末根据日记账登记总分类账。出纳登记簿与多栏式现金日记账要相互核对。

上述第一种做法可以简化核算工作，第二种做法可以加强内部控制和监督。

第五节　银行存款日记账

一、银行存款日记账的设置

银行存款日记账是用来序时反映企业银行存款的增加、减少和结存情况的账簿。该账簿由出纳人员根据银行存款的收款凭证和付款凭证序时逐日逐笔登记，每日终了结出该账户全日的银行存款收入、支出合计数和余额，并定期与银行对账单对账。银行存款日记账的登记方法与库存现金日记账的登记方法基本相同。银行存款日记账的格式一般为三栏式，但也可以采用多栏式。三栏式银行存款日记账的格式如下：

银 行 存 款 日 记 账

_____科目_____

年		凭证		摘　要	借　　方										核对	贷　　方										核对	借或贷	余　　额										核对
月	日	号	数		亿	千	百	十	万	千	百	十	元	角	分		亿	千	百	十	万	千	百	十	元	角	分			亿	千	百	十	万	千	百	十	元	角	分	

二、银行存款日记账的登记方法

银行存款日记账是事业单位重要的经济档案之一，登记时必须做到真实而全面地反映经济业务。如内容完整，账目及时，凭证齐全，账证相符，数字真实、准确，书写工整，摘要清楚明了，便于查阅，不重记，不漏记，不错记，按期结算，不拖延积压，按规定方法更正错账，从而使账目既能明确经济责任，又清晰美观。

银行日记账的登记方法如下：

（1）根据复核无误的银行存款收、付款记账凭证以及有关现金付款凭证登记账簿。

（2）所记载的经济业务内容必须同记账凭证相一致，不得随便增减。

（3）按经济业务发生的顺序逐笔登记账簿。

（4）连续登记，不得跳行、隔页，不得随便更换账页和撕扯账页。

（5）文字和数字必须整洁清晰，准确无误。

（6）使用钢笔，以蓝、黑色墨水书写，不得使用圆珠笔或铅笔书写。

（7）每一账页记完后，必须按规定转页。

（8）每月月末必须按规定结账。

（9）按规定的错账更正方法更正错账。

保证现金日记账有效的最主要一条原则是掌握正确的填写方法，因此在填写时需要注意一些事项：

1. 日期

"日期"栏中填入的应为据以登记账簿的会计凭证上的日期，现金日记账一般依据记账凭证登记，因此，此处日期为编制该记账凭证的日期。不能填写原始凭证上记载的发生或完成该经济业务的日期，也不是实际登记该账簿的日期。

2. 凭证编号

"凭证字号"栏中应填入据以登账的会计凭证类型及编号。如企业采用通用凭证格式，根据记账凭证登记现金日记账时，填入"记×号"；企业采用专用凭证格式，根据现金收款凭证登记现金日记账时，填入"收×号"。

3. 摘要

"摘要"栏简要说明入账的经济业务的内容，力求简明扼要。

4. 对应科目

"对应科目"栏应填入会计分录中"库存现金"科目的对应科目，用以反映库存现金增减变化的来龙去脉。在填写对应科目时，应注意以下三点：

（1）对应科目只填总账科目，不需填明细科目。

（2）当对应科目有多个时，应填入主要对应科目，如销售产品收到现金，则"库存现金"的对应科目有"主营业务收入"和"应交税费"，此时可在对应科目栏中填入"主营业务收入"，在借方金额栏中填入取得的现金总额，而不能将一笔现金增加业务拆分成两个对应科目金额填入两行。

（3）当对应科目有多个且不能从科目上划分出主次时，可在对应科目栏中填入其中金额较大的科目，并在其后加上"等"字。

5. 借方、贷方

"借方金额"栏、"贷方金额"栏应根据相关凭证中记录的"库存现金"科目的借贷方向及金额记入。

6. 余额

"余额"栏应根据"本行余额＝上行余额＋本行借方－本行贷方"公式

计算填入。

【案例83】

某单位9月20日提取现金100（借：库存现金100，贷：银行存款100）；9月25日销售收到现金500（借：库存现金500，贷：主营业务收入500）；9月30日结转成本（借：主营业务成本，贷：库存商品）。

银行存款日记账

年 月 日   凭证号

日期	摘要	对方科目	借	贷	结存
9.20	提取现金	库存现金		100	

注：其他与银行存款无关的不登入"银行存款日记账"。

第六节 辅助性账簿的设置

一、辅助性账簿的建账

《会计法》不仅规定各单位必须依法设账，还对设置会计账簿的种类作出了明确规定："会计账簿包括总账、明细账、日记账和其他辅助性账簿。"辅助性账簿简称辅助账，也称备查账，是指对某些在序时账和分类账中未能记载或记载不全的经济业务进行辅助或补充登记的账簿，是会计账簿体系中不可或缺的组成部分。

辅助账的设置与运用，更趋于合理性和全面性，在提高会计披露透明度、加强行政事业单位内部控制以及维护投资者和社会公众利益等方面发挥着基础性作用。

1. 辅助账的名称设置

辅助性账簿的称谓要能够反映这类账簿的本质特征，符合法律规定，"备查"一词一般指供查考之意，多用于公文。而"辅助"一词意指非主要的和从旁帮助。

从上述辅助账在有关具体准则中的设置与运用不难看出：辅助账不仅仅只是对主要账簿记录的一种被动补充，而且能主动如实反映和严格监控某一会计主体交易或事项的动态情况，为会计主体日常经营管理提供系统完整的会计信息；同时，辅助账与主要账簿之间也存在着一定的数量勾稽关系，为规范会计确认、计量和报告行为提供必要的资料与事实。因此，"备查簿"或"备查账"的称谓有些"名"不副"实"，建议称之为"辅助性账簿"或"辅助账"。

2. 辅助账的运用范围

鉴于辅助账的性质和特点，现行的辅助账基本上都是围绕着主要账簿进行设置，提供有关表内账户的辅助信息，但会计本质上是以提供财务信息为主的经济信息系统，除了提供财务信息外，还应提供行政事业单位所承担的社会责任、对社区的贡献、人力资源、自创商誉（品牌）、知识产权、核心竞争能力等非财务信息。

这些非财务信息对于使用者的决策也是相关的，尽管无法包括在财务报表中，但如果有规定或者使用者有需求，行政事业单位应当在财务报告中予以披露，有时行政事业单位也可自愿在财务报告中披露相关信息。而在财务报告中进行表外披露也离不开行政事业单位设置的辅助账。这在客观上要求，行政事业单位在考虑成本效益原则的基础上，遵循充分披露原则，设置一些表外账户的辅助账，适当扩大辅助账的设置与运用范围，记录非财务信息，完善现行财务报告体系以满足会计信息使用者对非财务信息的需要。

二、辅助性账簿的种类

在会计实务中主要包括各种租借设备、物资的辅助登记或有关应收、应付款项的备查簿，担保、抵押备查簿等。各单位可根据自身管理的需要，设置其他辅助账（见表 3 - 22 和表 3 - 23）。

表3－22　应收、应付款项的备查簿

编号：　　　　　　　　　　　　　　　　　　　　　　　　年　　月　　日

序号	日期	客户名称	货物名称	数量	单价	金额	合计	借方	贷方	余额	备注

表3－23　各种租借设备、物资的辅助登记

编号：　　　　　　　　　　　　　　　　　　　　　　　　年　　月　　日

租借单位：		负　责　人：		租借期
联 系 人：		联系电话：		

序号	设备/部件名称	规格型号	数量	归还设备状态	备注

第四章　会计实务——如何撰写行政事业单位财务会计报告

《财务会计报告》既明确了财务报告的概念、组成体系和用途，又明确了财务报告的主要内容，主要包括资产负债表、收入支出表或收入费用表、财政补助收入支出表及附注和收支情况说明书等。

第一节　财务会计报告概述

一、财务会计报告的构成

行政事业单位财务会计报告，是反映行政事业单位某一特定日期的财务状况和某一会计期间的事业成果、预算执行等会计信息的文件。

其一般由两大部分组成：一是财务报表；二是其他需要在报告中披露的相关信息和资料。财务报表是对行政事业单位财务状况、事业成果、预算执行情况等结构性的表述，又分为会计报表及其附注。

1. 会计报表

会计报表是指企业以一定的会计方法和程序由会计账簿的数据整理得出，以表格的形式来反映企业财务状况、经营成果和现金流量的书面文件，是财务会计报告的主体和核心。会计报表按其反映的内容不同，分为资产负债表、利润表、现金流量表、所有者权益（股东权益）变动表。其中，相关附表是反映企业财务状况、经营成果和现金流量的补充报表。主要包括利润分配表以及国家统一会计制度规定的其他附表。

2. 会计报表附注

会计报表附注是为了便于会计报表使用者理解会计报表的内容而对会计报表的编制基础、编制依据、编制原则和方法及主要项目等所作的解释。会计报表附注是财务会计报告的一个重要组成部分，它有利于增进会计信息的可理解性，提高会计信息可比性和突出重要的会计信息。

由此可见，行政事业单位的财务会计报告包括会计报表，会计报告附注，财务情况其他相关报表、资料等三部分。

二、财务会计报告的作用

财务会计报告对于企业管理者、财务工作者和投资者来说都很重要，有助于财务工作者了解单位的过去、现状，并预测未来。财务会计报告里的数字信息相当重要，作为财务工作人员要深入看每一份报告，考察整份财务报告是否正确、合理，能否真实地反映单位的财务状况（见表4-1）。

表4-1　财务会计报告的作用

项目	具体内容
评价企业的经营业绩	无论是投资者还是债权人，也无论是管理者还是债务人，都十分关注企业的现实获利能力和潜在获利能力，借以评价其经营业绩，获利能力的大小通常用反映利润率的指标加以衡量
通过财务分析，可以诊断企业财务的健康状况	财务信息使用者可借助财务指标判断企业财务状况的优劣，揭示造成优劣的具体原因，并据以提出财务对策
	有效的管理者要对企业财务的健康状况了如指掌，如企业的负债状况如何、企业是否具有财务风险、企业是否具有偿债能力、企业的经营风险如何、企业是否面临财务困境或破产风险
规划未来的经营策略和财务政策	通过对企业财务信息的比较分析，可以揭示不同企业的优势和弱点，从而正确地评价和决定企业未来的投资项目，调整和制定企业未来的资本结构政策、融资和筹资政策、利润分配政策
引导与优化资源配置	财务报表所提供的信息有助于财务信息使用者对不同企业的经营业绩和财务能力进行比较、分析，不断调整其投资的方向与额度，从而引导和促使社会资源向收益好、效益高的企业合理流动，实现社会资源的优化配置

三、财务会计报告的编制

各行政事业单位的财务会计报告必须根据审核的会计账簿记录和有关资料编制（见表4-2）。

表4-2 财务会计报告的编制

项目	具体内容
财务报告的编制要求	企业应当以持续经营为基础，根据实际发生的交易和事项，按照《企业会计准则——基本准则》和其他各项会计准则的规定进行确认和计量，在此基础上编制财务报表
	财务报表项目的列报应当在各个会计期间保持一致，不得随意变更
	性质和功能不同的项目，应当在财务报表中单独列报，但不具有重要性的项目除外
	财务报表的资产和负债项目的金额、收入项目和费用项目的金额一般不得相互抵销
	当期财务报表的列报，至少应当提供所有列报项目上一可比会计期间的比较数据，以及与理解当期财务报表相关的说明
财务会计报告的提供对象	本单位、本单位有关财务关系人（投资人、债权人）以及政府有关管理部门（财政部门、税务部门等）
财务会计报告的提供期限	企业至少应当按年编制财务报表。年度财务报表涵盖的期间短于一年的，应当披露年度财务报表的涵盖期间以及短于一年的原因

财务会计报告的编制依据、编制要求、提供对象、提供期限等具体要求，由国家统一的会计制度规定。

值得注意的是，向不同的使用对象提供财务会计报告，其编制依据应当保持一致。在实际工作中，有很多单位会编制不同的报告，以有针对性、有区别性地向上申报，其实这是一种弄虚作假的行为，是一种严重违法的行为，按照相关法律是应当被制止和受到惩治的。

四、财务会计报告分析

行政事业单位财务分析是对财务报告进行分析的一种形式，需要依据单位主要任务、经营范围以及单位预算，利用会计核算、统计核算、业务核算以及其他信息资料，对单位财务活动的过程和结果进行分析、比较和研究的一种专门方法。

行政事业单位进行财务会计报告分析，涉及行政事业单位财务管理及相关活动的各个方面（见表4-3）。

表4-3　财务会计报告分析

项目	具体内容
分析单位预算的编制和执行情况	分析单位的预算编制是否符合国家有关方针政策和财务制度规定、事业计划和工作任务的要求，是否贯彻了量力而行、尽力而为的原则，预算编制的计算依据是否充分可靠
	在预算执行过程中，则要分析预算执行进度与事业计划进度是否一致，与以前各期相比，有无特殊变化及其变化的原因
分析资产、负债的构成及资产使用情况	分析单位的资产构成是否合理，固定资产的保管和使用是否恰当，账实是否相符，各种材料有无超定额储备，有无资产流失等问题
	分析单位房屋建筑物和设备等固定资产利用情况
	分析流动资产周转情况
	分析负债来源是否符合规定，负债水平是否合理以及负债构成情况等。通过分析，及时发现存在的问题，有针对性地采取措施，保证资产的合理有效使用
分析收入、支出情况及经费自给水平	要了解掌握单位的各项收入是否符合有关规定，是否执行了国家规定的收费标准，是否完成了核定的收入计划，各项应缴收入收费是否及时足额上缴，超收或短收的主客观因素是什么，是否有能力增加收入
	要了解掌握各项支出是否按进度进行，是否按规定的用途、标准使用，支出结构是否合理等，找出支出管理中存在的问题，提出加强管理的措施，以节约支出，提高资金使用效益
	在分析了收入、支出有关情况的同时，还要分析单位经费自给水平，以及单位组织收入的能力和满足经常性支出的程度，分析经费自给率和变化情况及原因
分析定员定额情况	分析单位人员是否控制在国家核定的编制以内，有无超编人员，超编的原因是什么，内部人员安排是否合理
	分析单位各项支出定额是否完善，是否先进合理，定额执行情况如何等
分析财务管理情况	分析单位各项财务管理制度是否健全，各项管理措施是否符合国家有关规定和单位的实际情况，措施落实情况怎样
	找出存在的问题，进一步健全和完善各项财务规章制度和管理措施，提高财务管理水平

<h1 style="text-align:center">第二节　会计报表</h1>

在形成会计报表之前，行政事业单位首先应对各项收入账面、往来款项、货币资金和财产物资进行全面的清理结算，在此基础上办理年度结账。

一、资产负债表的编报

资产负债表反映的是行政事业单位调整资产、负债、净资产等会计要素某一时点的存在状况。①一般要求编制比较资产负债表，设年初与期末栏，便于对不同时点的财务状况作比较；②年初数应根据上年年末数填列，如本年度相关项目进行了调整，应对上年末相关数据进行调整后作为本年年初数。

资产负债表分为报告式和账户式两种，其编制原理为"资产 = 负债 + 净资产"。

1. 资产负债表的格式

在年度转账之前，收入类和支出类账户存在余额情况下，资产负债表编制时应遵循"资产 + 支持 = 负债 + 净资产 + 收入"的等式（见表4－4）。资产、支出项目统称为资产部类项目，负债、净资产、收入项目统称为负债部类项目。资产部类合计 = 负债部类合计。

表4－4　资产负债表　　　　　　　　会企01表

编制单位：　　　　　　　　　　年　月　日　　　　　　　　　　单位：元

资　　　产	期末余额	年初余额	负债和所有者权益（或股东权益）	期末余额	年初余额
流动资产			流动负债		
货币资金			短期借款		
短期投资			应缴税费		
财政应返还额度			应缴国库款		
应收票据			应缴财政专户款		
应收账款			应付职工薪酬		
预付账款			应付票据		

资　产	期末余额	年初余额	负债和所有者权益 （或股东权益）	期末余额	年初余额
其他应收款			应付账款		
存货			预收账款		
其他流动资产			其他应付款		
流动资产合计			其他流动负债		
非流动资产			流动负债合计		
长期投资			非流动负债		
固定资产			长期借款		
固定资产原价			长期应付款		
减：累计折旧			非流动负债合计		
在建工程			负债合计		
无形资产			净资产		
无形资产原价			事业基金		
减：累计摊销			非流动资产基金		
待处置资产损溢			专用基金		
非流动资产合计			财政补助结余		
			财政补助结转		
			非财政补助结余		
			非财政补助结转		
			1. 事业结余		
			2. 经营结余		
			净资产合计		
资产总计			负债和净资产总计		

2. 资产负债表的填写说明

在具体编制资产负债表时，应根据会计科目数据资料填列，会计科目与报表直接存在着对应关系（见表4-5）。

表4-5 资产负债表的填写

项目	反映内容	填列说明
货币资金	反映行政事业单位期末库存现金、银行存款和零余额账户用款额度的合计数	根据"库存现金"、"银行存款"、"零余额账户用款额度"科目期末余额的合计数填列
短期投资	反映行政事业单位期末持有的短期投资成本	根据"短期投资"科目的期末余额填列
财政应返还额度	反映行政事业单位期末财政应返还额度的金额	根据"应收票据"科目的期末余额填列
应收票据	反映事业单位期末持有的应收票据的票面金额	根据"应收票据"科目的期末余额填列
应收账款	反映行政事业单位期末尚未收回的应收账款余额	根据"应收账款"科目的期末余额填列
预付款项	反映行政事业单位预付给商品或劳务供应单位的款项	根据"预收账款"科目的期末余额填列
其他应收款	反映行政事业单位期末尚未收回的其他应收款余额	根据"其他应收款"科目的期末余额填列
存货	反映行政事业单位期末为开展业务活动及其他活动耗用而储存的各种材料、燃料、包装物、低值易耗品及达到固定资产标准的用具、装具、动植物等的实际成本	根据"存货"科目期末余额后的金额填列
其他流动资产	反映行政事业单位除上述各项之外的其他流动资产,如将在1年内(含1年)到期的长期债券投资	根据"长期投资"等科目的期末余额分析填列
长期投资	反映行政事业单位持有时间超过1年(不含1年)的股权和债权性质的投资	根据"长期投资"等科目的期末余额减去其中将于1年内(含1年)到期的长期债券投资余额后的金额填列
固定资产	反映行政事业单位期末各项固定资产的账面价值	根据"固定资产"科目的期末余额,减去"累计折旧"科目期末余额后的金额填列
固定资产原价	反映行政事业单位期末各项固定资产的原价	根据"固定资产"科目的期末余额填列
累计折旧	反映行政事业单位期末各项固定资产的累计折旧	根据"累计折旧"科目的期末余额填列

项目	反映内容	填列说明
在建工程	反映行政事业单位期末尚未完工交付使用的在建工程发生的实际成本	根据"在建工程"科目的期末余额填列
无形资产	反映行政事业单位期末持有的各项无形资产的账面价值	根据"无形资产"科目的期末余额减去"累计摊销"科目期末余额后的金额填列
无形资产原价	反映行政事业单位期末持有的各项无形资产的原价	根据"无形资产"科目的期末余额填列
累计摊销	反映行政事业单位期末各项无形资产的累计摊销	根据"累计摊销"科目的期末余额填列
待处置资产损溢	反映行政事业单位期末待处置资产的价值及处置损溢	根据"待处置资产损溢"科目的期末借方余额填列
		如"待处置资产损溢"科目期末为贷方余额，则以"－"号填列
短期借款	反映行政事业单位借入的期限在1年以内（含1年）的各种借款	根据"短期借款"科目的期末余额填列
应缴税费	反映行政事业单位应交未交的各种税费	根据"应缴税费"科目的期末贷方余额填列
		如"应缴税费"科目期末为借方余额，则以"－"号填列
应缴国库款	反映行政事业单位按规定应缴入国库的款项（应缴税费除外）	根据"应缴国库款"科目的期末余额填列
应付职工薪酬	反映行政事业单位按有关规定应付给职工及为职工支付的各种薪酬	根据"应付职工薪酬"科目的期末余额填列
应付票据	反映行政事业单位期末应付票据的金额	根据"应付票据"科目的期末余额填列
应付账款	反映行政事业单位期末尚未支付的应付账款的金额	根据"应付账款"科目的期末余额填列
预收账款	反映行政事业单位期末按合同规定预收但尚未实际结算的款项	根据"预收账款"科目的期末余额填列
其他应付款	反映行政事业单位期末应付未付的其他各项应付及暂收款项	根据"其他应付款"科目的期末余额填列

项目	反映内容	填列说明
其他流动负债	反映行政事业单位除上述各项之外的其他流动负债，如承担的将于1年内（含1年）偿还的长期负债	根据"长期借款"、"长期应付款"等科目的期末余额分析填列
长期借款	反映行政事业单位借入的期限超过1年（不含1年）的各项借款本金	根据"长期借款"科目的期末余额减去其中将于1年内（含1年）到期的长期借款余额后的金额填列
长期应付款	反映行政事业单位发生的偿还期限超过1年（不含1年）的各种应付款项	根据"长期应付款"科目的期限余额减去其中将于1年内（含1年）到期的长期应付款余额后的金额填列
事业基金	反映行政事业单位期末拥有的非限定用途的净资产	根据"事业基金"科目的期末余额填列
非流动资产基金	反映行政事业单位期末非流动资产占有的金额	根据"非流动资产基金"科目的期末余额填列
专用基金	反映行政事业单位按规定设置或提取的具有专门用途的净资产	根据"专用基金"科目的期末余额填列
财政补助结转	反映行政事业单位滚存的财政补助结转资金	根据"财政补助结转"科目的期末余额填列
财政补助结余	反映行政事业单位滚存的财政补助项目支出结余资金	根据"财政补助结余"科目的期末余额填列
非财政补助结转	反映行政事业单位滚存的非财政补助专项结转资金	根据"非财政补助结转"科目的期末余额填列
非财政补助结余	反映行政事业单位自年初至报告期末累计实现的非财政补助结余弥补以前年度经营亏损后的余额	根据"事业结余"、"经营结余"科目的期末余额合计填列 如"事业结余"、"经营结余"科目的期末额合计为亏损数，则以"-"号填列 在编制年度资产负债表时，本项目金额一般为"0"，若不为"0"本项目金额应为"经营结余"科目的期末借方余额
事业结余	反映行政事业单位自年初至报告期末累计实现的事业结余	根据"事业结余"科目的期末余额填列 如"事业结余"科目的期末余额合计为亏损数，则以"-"号填列 在编制年度资产负债表时，本项目金额应为"0"

项目	反映内容	填列说明
经营结余	反映行政事业单位自年初至报告期末累计实现的经营结余弥补以前年度经营亏损后的余额	根据"经营结余"科目的期末余额填列
		如"经营结余"科目的期末余额合计为亏损数,则以"-"号填列
		在编制年度资产负债表时,本项目金额一般为"0",若不为"0"本项目金额应为"经营结余"科目的期末借方余额

二、收入支出表或收入费用表的编报

事业单位的收入支出表或费用表反映的是单位在某一会计期间内各项收入、支出和结转结余情况,以及年末非财政补助结余的分配情况。如业务收入、人员支出、公用经费支出等。

收入和支出是事业单位常规性的经济业务往来之一,按照国家规定,任何企事业单位都必须对自身的收入和支出做详细的会计记账。

设置"事业支出"科目。按收入实现制确认事业支出。发生事业支出时,借记本科目,当年支出收回时贷记本科目。

实行内部成本核算的事业单位结转已销业务成果或产品成本时,按实际成本借记本科目。年终,将本科目借方余额全数转入"事业结余"科目,结账后本科目无余额。

具体来讲,事业支出包括以下明细科目:基本工资、补助工资、其他工资、职工福利费、社会保障费、助学金、公务费、业务费、设备购置费、修缮费和其他费用等。比如:

借:财政补助收入——基本支出——项目支出

　　贷:事业结余——基本支出结余——项目支出结余

【案例84】某事业单位员工工资科目中核算

(1)员工工资通过"应付职工薪酬"科目核算,计提时:

借:事业支出——工资福利支出

　　贷:应付职工薪酬——实发工资、医保、公积金

　　　　应缴税费——个人所得税

（2）发放实发工资时：

借：应付职工薪酬——实发工资

　　贷：银行存款、零余额账户用款额度

（3）社保缴纳时：

借：其他应付款——社保

　　应付职工薪酬——医保

　　事业支出——工资福利支出——社会保障缴费

　　贷：银行存款、零余额账户用款额度

（4）扣除公积金缴纳时：

借：其他应付款——公积金

　　应付职工薪酬——公积金

　　事业支出——对个人和家庭支出——住房公积金

　　贷：银行存款、零余额账户用款额度

（5）扣除缴纳个人所得税时：

借：应缴税费——个人所得税

　　贷：银行存款

1. 收入支出表或收入费用表的格式

收入支出表或收入费用表的"本月数"栏反映各项目的本月实际发生数，"本年累计数"栏反映各项目自年初起至报告期末止的累计实际发生数（见表4-6）。

表4-6　收入支出表

编制单位：　　　　　　　　　年　　月　　日　　　　　　　　单位：元

项目	本月数	本年累计数
一、本期财政补助结转结余		
财政补助收入		
减：事业支出（财政补助支出）		
二、本期事业结转结余		
（一）事业类收入		
1. 事业收入		
2. 上级补助收入		
3. 附属单位上缴收入		

续表

项目	本月数	本年累计数
4. 其他收入		
其中：捐赠收入		
减：（二）事业类支出		
1. 事业支出（非财政补助支出）		
2. 上缴上级支出		
3. 对附属单位补助支出		
4. 其他支出		
三、本期经营结余		
经营收入		
减：经营支出		
四、弥补以前年度亏损后的经营结余		
五、本年非财政补助结转结余		
减：非财政补助结转		
六、本年非财政补助结余		
减：应缴所得税		
减：提取专用基金		
七、转入事业基金		

2. 收入支出表或收入费用表的填列说明

在编制年度收入支出表或收入费用表应包括上年数和本年累计数，"上年数"反映上年度各项目实际发生数。如果本年度收入支出表或收入费用表规定的各个项目的名称和内容同上年度不一致，应对上年度收入支出表或收入费用表各项目的名称和数字按照本年度的规定进行调整，填入本年度收入支出表或收入费用表的"上年数"栏；"本年累计数"栏反映各项目自年初起至报告期末止的累计实际发生数（见表4-7）。

表4-7 收入支出表的填写

项目	反映内容	填列说明
本期财政补助结转结余	"本期财政补助结转结余"反映行政事业单位本期财政补助收入和财政补助支出相抵后的余额	按照本表中"财政补助收入"项目金额减去"事业支出（财政补助支出）"项目金额后的余额填列
	"财政补助收入"反映行政事业单位本期从统计财政部门取得的各类财政拨款	根据"财政补助收入"科目的本期发生额填列
	"事业支出（财政补助支出）"反映行政事业单位本期使用财政补助发生的各项事业支出	根据"事业支出——财政补助支出"科目的本期发生额填列，或根据"事业支出——基本支出（财政补助支出）"、"事业支出——项目支出（财政补助支出）"科目的本期发生额合计填列
本期事业结余	"本期事业结余"反映行政事业单位本期除财政补助收支、经营收支以外的各项收支相抵后的余额	根据本表中"事业类收入"项目金额减去"事业类支出"项目金额后的余额填列，若为负数，则以"-"号填列
	"事业类收入"反映行政事业单位本期事业收入、上级补助收入、附属单位上缴收入、其他收入的合计数	按照本表中"事业收入"、"上级补助收入"、"附属单位上缴收入"、"其他收入"项目金额的合计数填列
	"事业收入"项目反映行政事业单位开展专业业务活动及其辅助活动取得的收入	根据"事业收入"科目的本期发生额填列
	"上级补助收入"项目，反映行政事业单位从主管部门和上级单位取得的非财政补助收入	根据"上级补助收入"科目的本期发生额填列
	"附属单位上缴收入"反映行政事业单位附属独立核算单位按照有关规定上缴的收入	根据"附属单位上缴收入"科目的本期发生额填列
	"其他收入"反映行政事业单位除财政补助收入、事业收入、上级补助收入、附属单位上缴收入、经营收入以外的其他收入	根据"其他收入"科目的本期发生额填列
	"捐赠收入"反映行政事业单位接收先进存货捐赠取得的收入	根据"其他收入"科目所属相关明细科目的本期发生额填列

续表

项目	反映内容	填列说明
本期事业结余	"事业类支出"反映行政事业单位本期事业支出（非财政补助支出）、上缴上级支出、对附属单位补助支出、其他支出的合计数	根据本表中"事业支出（非财政补助支出）"、"上缴上级支出"、"对附属单位补助支出"、"其他支出"项目金额的合计数填列
	"事业支出（非财政补助支出）"反映行政事业单位使用财政补助以外的资金发生的各项事业支出	根据"事业支出——非财政专项资金支出"、"事业支出——其他资金"科目的本期发生额合计填列
	"上缴上级支出"反映行政事业单位按照财政部门和主管部门的规定上缴上级单位的支出	根据"上缴上级支出"科目的本期发生额填列
	"对附属单位补助支出"反映行政事业单位用财政补助收入之外的收入对附属单位补助发生的支出	根据"对附属单位补助支出"科目的本期发生额填列
	"其他支出"反映行政事业单位除事业支出、上缴上级支出、对附属单位补助支出、经营支出以外的其他支出	根据"其他支出"科目的本期发生额填列
本期经营结余	"本期经营结余"反映行政事业单位本期经营收支相抵后的余额	根据本表中"经营收入"项目金额减去"经营支出"项目金额后的余额填列，如为负数，以"－"号填列
	"经营收入"反映行政事业单位在专业业务活动及其辅助活动之外开展非独立核算经营活动取得的收入	根据"经营收入"科目的本期发生额填列
	"经营支出"反映行政事业单位在专业业务活动及其辅助活动之外开展非独立核算经营活动发生的支出	根据"经营支出"科目的本期发生额填列
弥补以前年度亏损后的经营结余	反映行政事业单位本年度实现的经营结余扣除本年初未弥补经营亏损后的余额	根据"经营结余"科目年末转入"非财政补助结余分配"科目前的余额填列，若余额为借方余额，以"－"号填列

项目	反映内容	填列说明
本年非财政补助结转结余	"本年非财政补助结转结余"反映行政事业单位本年除财政补助结转结余以外的结转结余金额	若为正数，应按本表中"本期事业结转结余"、"弥补以前年度亏损后的经营结余"项目金额的合计数填列，如为负数，以"－"号填列
		若为负数，应按本表中"本期事业结转结余"项目金额填列，如为负数，以"－"号填列
	"本年非财政补助结转"反映行政事业单位本年除财政补助收支外的各项资金收入减去各专项资金支出后的余额	根据"非财政补助结转"科目本年贷方发生额中专项资金收入转入金额合计数减去本年借方发生额中专项资金支出转入金额合计数后的余额填列
本年非财政补助结余	"本年非财政补助结余"反映事业单位本年除财政补助之外的其他结余金额	按照表中"本年非财政补助结转结余"项目金额减去"非财政补助结转"项目金额后的金额填列，如为负数，以"－"号填列
	"应缴所得税"反映行政事业单位按照税法规定应缴纳的所得税金额	根据"非财政补助结余分配"科目的本年发生额分析填列
	"提取专用基金"反映行政事业单位本年按规定提取的专用基金	根据"非财政补助结余分配"科目的本年发生额分析填列
转入事业基金	反映行政事业单位本年按规定转入事业基金的非财政补助结余资金	按本表中"本年非财政补助结余"项目金额减去"应缴所得税"、"提取专用基金"项目金额后的余额填列，如为负数，以"－"号填列

三、财政补助收支表的编报

　　财政补助收支表是反映行政事业单位某一会计年度财政补助收入、支出、结转及结余的情况。财政补助收支表主体业务是财政补助收入，关于财政补助，国家是这么规定的，特指事业单位按照核定的部门预算经费申报关系，从财政部门和主管部门取得的各类事业经费，这是事业单位取得的预算内财政性资金补助。

事业单位应按照国家有关财政预算资金管理的规定，加强对财政补助收入的账务处理。

按规定，事业单位应设置"财政补助收入"总账科目，以核算单位的财政补助收入。为了进一步反映事业单位对财政资金的用途，即用于何种事业活动，以及与财政部门的财政总预算会计中，一般预算支出的明细科目相互对照情况，事业单位应在财政补助收入总账科目下设置"基本支出"和"项目支出"两个二级科目。

同时，也可根据需要再在二级科目下再次细分，根据财政资金拨付方式的不同，分别借记"事业支出"、"零余额账户用款额度"、"银行存款"等科目，贷记"财政补助收入"科目。

【案例85】

2015年1月9日，某事业单位根据经过批准的部门预算和用款计划，向主管财政申请支付第三季度水费110000元。10月18日，财政部门经审核后，采用财政直接支付方式为其向自来水公司支付了105000元。10月23日，该事业单位收到了财政零余额账户代理银行转来的财政直接支付到账通知书。该事业单位应于10月23日进行账务处理如下：

借：事业支出 105000

　贷：财政补助收入 105000

【案例86】

2015年3月7日，某科研所根据经过批准的部门预算和用款计划，为开展某项科学研究项目，向主管财政申请财政授权支付用款额度180000元。4月6日，财政部门经审核后，采用财政授权支付方式下达了170000元用款额度。4月8日，该科研所收到了财政零余额账户代理银行转来的财政授权支付到账通知书。该科研所应于4月8日，进行账务处理如下：

借：零余额账户用款额度 170000

　贷：财政补助收入 170000

在财政补助收入总账科目的贷方，作明细登记如下：项目支出——科学技术——基础研究——专项基础研究。

【案例87】

某事业单位尚未实行国库集中收付制度。2015年3月10日，该单位收到开户银行转来的收款通知，收到财政部门拨入的日常事业活动经费25000元。6月7日，该事业单位应进行账务处理如下：

借：银行存款　　　　　　　　　　　　　25000

　　贷：财政补助收入　　　　　　　　　25000

1. 财政补助收支表的格式

各项目根据上年财政补助收入支出表中"年末财政补助结转结余"项目及其所属各明细项目"本年数"栏的数字填列（见表4-8）。

表4-8　财政补助收入支出表

编制单位：　　　　　年　月　日　　　　　单位：元

项目	本年数	上年数
一、年初财政补助结转结余		
（一）基本支出结转		
1. 人员经费		
2. 日常公用经费		
（二）项目支出结转		
××项目		
（三）项目支出结余		
二、调整年初财政补助结转结余		
（一）基本支出结转		
1. 人员经费		
2. 日常公用经费		
（二）项目支出结转		
××项目		
（三）项目支出结余		
三、本年归集调入财政补助结转结余		
（一）基本支出结转		
1. 人员经费		
2. 日常公用经费		

续表

项目	本年数	上年数
（二）项目支出结转		
××项目		
（三）项目支出结余		
四、本年上缴财政补助结转结余		
（一）基本支出结转		
1. 人员经费		
2. 日常公用经费		
（二）项目支出结转		
××项目		
（三）项目支出结余		
五、本年财政补助收入		
（一）基本支出结转		
1. 人员经费		
2. 日常公用经费		
（二）项目支出结转		
××项目		
六、本年财政补助支出		
（一）基本支出结转		
1. 人员经费		
2. 日常公用经费		
（二）项目支出结转		
××项目		
七、年末财政补助结转结余		
（一）基本支出结转		
1. 人员经费		
2. 日常公用经费		
（二）项目支出结转		
××项目		
（三）项目支出结余		

2. 财政补助收支表的填列说明

本年归集调入财政补助结转结余项目及其所属各明细项目，反映行政事业单位本年度取得主管部门归集调入的财政补助结转结余资金或额度资金（见表4-9）。

表 4-9　财政补助收支表的填写

项目	反映内容	填列说明
"年初财政补助结转结余"项目及其所属各明细项目	反映行政事业单位本年初财政补助结转结余余额	根据上年度财政补助收入支出表中"年末财政补助结转结余"项目及其所属各明细项目"本年数"栏的数字填列
"调整年初财政补助结转结余"项目所属各明细项目	反映行政事业单位因本年发生需要调整以前年度财政补助结转结余的事项，而对年初财政补助结转结余的调整金额	根据"财政补助结转"、"财政补助结余"科目及其所属明细科目的本年发生额分析填列
		如调整减少年初财政补助结转结余，以"-"号填列
"本年归集调入财政补助结转结余"项目及其所属各明细项目	反映行政事业单位本年度取得主管部门归集调入的财政补助结转结余资金或额度金额	根据"财政补助结转"、"财政补助结余"科目及其所属明细科目的本年发生额分析填列
"本年上缴财政补助结转结余"项目及其所属各明细项目	反映行政事业单位本年度按规定时间上缴的财政补助结转结余资金或额度金额	根据"财政补助结转"、"财政补助结余"科目及其所属明细科目的本年发生额分析填列
"本年财政补助收入"项目及其所属明细项目	反映行政事业单位本年度从同级财政部门取得的各类财政拨款金额	根据"财政补助收入"科目及其所属明细科目的本年发生额填列
"本年财政补助支出"项目及其所属各明细项目	反映行政事业单位本年度发生的财政补助支出金额	根据"事业支出"科目所属明细科目本年发生额中的财政补助支出数填列
"年末财政补助结转结余"项目及其所属各明细项目	反映行政事业单位截至本年末的财政补助结转结余余额	根据"财政补助结转"、"财政补助结余"科目及其所属明细科目的年末余额填列

四、会计报表附注的编报

行政事业单位会计报表附注，又简称附注，通常是指对资产负债表、利润表、现金流量表和所有者权益变动表等报表中，列示项目的文字描述或明细资料，以及对未能在这些报表中列示项目的说明等。

附注是财务报表的重要组成部分，内容很多、很杂，总结起来至少应当包括以下八项：

（1）遵循《行政事业单位会计准则》、《行政事业单位会计制度》的声明。

（2）单位整体财务状况、业务活动情况的说明。

（3）会计报表中列示的重要项目说明，包括构成、增减变动情况等。

（4）重要资产处置情况的说明。

（5）以名义金额计量的资产名称、数量等情况及理由说明。

（6）以前年度结账结余调整情况的说明。

（7）有助于理解和分析会计报表需要说明的其他事项。

（8）单位业务性质和主要经营活动。

会计报表附注编制的形式多种多样，也比较灵活，大部分单位不会做硬性要求。常用的有五种，详见如下：

（1）尾注说明：附注的主要编制形式，一般适用于说明内容较多的项目。

（2）括号说明：此种形式常用于为会计报表主体内提供补充信息，因为它把补充信息直接纳入会计报表主体，所以比起其他形式来显得更直观，不易被人忽视，缺点是它包含内容过短。

（3）备抵账户与附加账户：设立备抵与附加账户，在会计报表中单独列示，能够为会计报表使用者提供更多有意义的信息，这种形式目前主要是指坏账准备等账户的设置。

（4）脚注说明：指在报表下端进行的说明，如说明已贴现的商业承兑汇票和已包括在固定资产原价内的融资租入的固定资产原价等。

（5）补充说明：有些无法列入会计报表主体中的详细数据、分析资料，可用单独的补充报表进行说明，如可利用补充报表的形式来揭示关联方的关系和交易等内容。

第三节　财务报表分析

一、财务报表的分析方法

行政事业单位财务分析的方法同样多种多样，但应用最多、最广的主要是对比分析法和比率分析法。

1. 对比分析法

对比分析法也称比较分析法。它是通过指标对比，从数量上确定差异的一种分析方法。比较分析法是行政财务分析中最基本、最主要的方法。其主要作用在于提示客观存在的差距，并为进一步深入分析指出方向。在实际工作中通常有以下几种形式：

（1）以实际完成数与预算计划数对比，分析预算完成的情况。

实际完成数较预算书（±）＝实际完成数－预算数

预算完成百分比（%）＝（实际完成数÷预算数）×100%

（2）以本期实际指标与以前的实际指标对比，分析财务活动变动情况和发展趋势。

本期实际数较过去某期实际数（±）＝本期实际数－过去某期实际数

本期实际数为过去某期实际数（%）＝（本期实际数÷过去某期实际数）×100%

本期实际数较过去某期实际数（%）＝［（本期实际数－过去某期实际数）÷过去某期实际数］×100%

（3）以本单位实际指标与其他同类型单位实际指标相对比，可以在更大范围内找差距，从而有利于提高预算管理水平。

本单位实际数较其他单位实际数（±）＝本单位实际数－其他单位实际数

本单位实际数为其他单位实际数（%）＝（本单位实际数÷其他单位实际数）×100%

本单位实际数较其他单位实际数（%）＝［（本单位实际数－其他单位实际数）÷其他单位实际数］×100%

比较分析法只适用于同质指标的数量对比。不具备可比性的指标，是不能互相对比的。因此，应用此法一定要注意对比指标的可比性。

2. 比率分析法

比率分析法是利用相对指标进行对比分析的一种方法。采用此法时，先要将对比的数值变成相对数，再进行比较，具体形式有构成比率分析、动态比率分析、相关指标比率分析（见表4－10）。

表4－10 比率分析法分类及内容

比率分析法	具体内容
构成比率分析	将两个性质不同但又相关的指标对比，求出比率。然后再以实际数与预算数（或过去某期实际数）进行比较。如将"负债总额"与"资产总额"对比，求出"资产负债率"，即可分析债权人提供资金的安全保障程度

比率分析法	具体内容
动态比率分析	将不同时期同类指标的数值对比求出比率，然后进行动态分析，据以分析该项指标的增减速度和变化趋势。动态比率又分为定基比率和环比比率两种：前者固定地以某一时期指标为基数，后者则以比较的前一期为基数
相关指标比率分析	将两个性质不同但又相关的指标进行对比，求出比率进行分析。如将"负债总额"与"资产总额"对比，可求出"资产负债率"，用以综合衡量被审计单位的负债水平及风险程度，反映被审计单位的偿债能力状况
	分析资产负债率时一般应当同时对其流动比率、速动比率以及现金流动负债比率进行相关分析，才能得出更符合实际的审计评价

二、财务报表的分析指标

财务分析指标体系构成是根据财务分析所要达到的目的进行设计的。行政单位的财务分析可从以下两个方面做起：

1. 资产负债率

资产负债率是行政单位全部负债与全部资产的比率。它是衡量行政单位债权人提供资金安全保障程度高低的一个指标。其计算公式为：

资产负债率 =（负债总额÷资产总额）×100%

资产负债率可以反映单位的全部资产中有多少是通过负债得到的，也可以分析出保障债权人利益的程度。一般认为，资产负债率低比高好。

2. 人员支出、公用支出占经费支出的比率

行政单位的支出从用途上看，分为人员支出和公用支出两大部分，计算这两部分支出分别占经费支出的比率，可以分析单位经费支出结构的合理性。其计算公式为：

人员支出比率 =（人员支出经费支出÷经费支出）×100%

公用支出比率 =（公用支出经费支出÷经费支出）×100%

对个人和家庭的补助支出比率 =（对个人和家庭的补助支出÷经费支出）×100%

这三个比率分别表示行政事业单位经费支出中，用于人员支出的比重和用于公用支出和用于对个人和家庭的补助支出的比重，可与本单位历史水平相比较，发现经费支出结构是否合理。

第五章 番外实践——常见行政事业单位会计制度和管理

　　我国的行政事业单位涉及的范围非常广，行政、医疗、科研、文化事业等。尽管每个单位的财务制度、会计管理内容、业务流程基本上相似，但由于所属行业、主管部门的要求以及服务项目和对象的不同，在很多地方还是有很大差异的。既然有差异，就需要有针对性地学习和了解，以便做到有效性和准确性。

第一节 行政事业单位财务管理

　　行政事业单位是指各级党政机关、人大、政协、机关团体、各民主机关、人民团体和行政事业单位的总称。行政事业单位是具有独立财务行为、事实独立核算的组织和团体，根据《会计法》的规定，同样需要设置专门的财务机构，配备专门的财务人员。根据实际发生的经济业务事项按照国家统一的会计制度及时进行账务处理、编制财务会计报告，确保财务信息真实、完整。

　　对于部分人员编制少、财务工作量小以及由于其他原因不具备设立单独财务机构的单位，可实现单据报账制度。总之，目的是科学、合理编著预算，加强资产的高效管理和合理使用，定期编制财务报告，进行财务活动分析，指导单位管理活动的正常运营。

一、行政单位的内部控制体系

　　行政事业单位内部控制，是指单位为实现控制目标，通过制定制度、实施措施和执行程序，对经济活动的风险进行防范和管控。随着党和国家对行政廉政建设的高度重视，在行政事业单位内进行财政控制和监督也被提上了工作日程。

财务部门是行政单位内部控制管理活动中重要的一环,其目标就是,保证单位经济活动合法合规、资产安全和使用有效、财务信息真实完整,有效防范舞弊和预防腐败,提高公共服务的效率和效果。

财务部门在内部控制中承担的主要任务包括:①做好预算管理;②做好收支管理;③做好采购管理;④做好资产管理;⑤做好建设项目管理;⑥做好合同管理;⑦做好财务监督。

二、行政单位的预算管理

预算,是单位按照国家有关规定,根据某段时期内发展计划和目标编制的财务收支计划。一般来讲,行政单位的预算体系由收入预算和支出预算组成,即所有收支应全部纳入预算管理。

预算管理是所有行政事业单位中不可少的内容,通常是指,利用预算对企业内部各部门、各单位的各种财务及非财务资源进行分配、考核、控制,以便有效地组织和协调行政事业单位的经营活动,完成既定的目标。

预算由收入预算和支出预算组成。收入预算包括财政补助收入、事业收入、上级补助收入、附属单位上缴收入、经营收入和其他收入的预算。支出预算包括事业支出、上缴上级支出、对附属单位补助支出、经营支出和其他支出的预算。具体分类如图 5-1 所示。

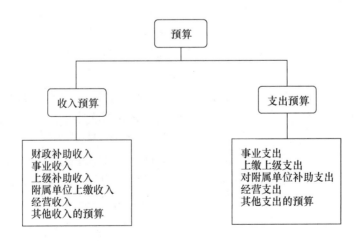

图 5-1 预算分类

国家对行政单位实行核定收支、定额或者定项补助、超支不补、结转和结余按规定使用的预算管理办法。

定额或者定项补助根据国家有关政策和财力可能，行政事业发展目标和计划、单位特点、财务收支及资产状况等确定。定额或者定项补助可以为零。

与企业、其他的行政事业单位预算管理不同，行政事业单位的预算还受管理权限的限制，级次比较明显。通常来讲，一项完整预算需要经历以下三个层级（见图 5-2）：

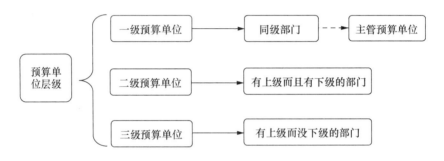

图 5-2　预算单位层级

在进行预算时，各级预算单位必须按照预算管理级次逐次申报，并按照批准的预算组织实施，定期将预算执行情况向上一级预算单位或者同级财政部门上报，最后由主管预算单位或指定的部门实行收支统一管理，定额、定项拨款，超支不补，结转和结余按规定使用的预算管理办法。

预算作为行政事业单位会计部门的一项主要工作，应该加强预算体系和制度的建立，在执行中严格执行预算，按照收支平衡的原则，合理安排各项资金，不得超预算安排支出。原则上编制好的预算是不予调整的，但因特殊情况确需调整预算的，行政单位应当按照规定程序报送审批。

可见，行政部门的预算管理最关键的一个环节是编制预算报表，下面是一个较完整的编制流程：①行政单位测算、提出预算建议数，逐级汇总后报送同级财政部门；②财政部门审核行政单位提出的预算建议数，确定预算控制方案；③行政单位根据预算控制数正式编制年度预算，逐级汇总后报送同级财政部门；④经法定程序批准后，财政部门批复行政单位预算（见图 5-3）。

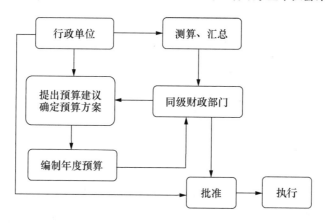

图 5-3　预算编制流程

三、行政单位的收入和支出管理

　　行政单位的收入和支出是单位为保障机构正常运转和完成工作任务所依法取得的非偿还性资金，或发生的资金耗费和损失。

　　对于行政部门来讲，其收入是非常有限的。基本上来自财政拨款和除财政拨款收入以外的其他收入。而取得的应当罚没收入、行政事业性收费、政府性基金、国有资产处置和出租出借收入等，则不在收入管理范围之内。

　　行政单位的支出包括基本支出和项目支出。基本支出又包括人员支出和公用支出。项目支出，是指行政单位为完成特定的工作任务，在基本支出之外发生的支出。

　　按照规定行政单位取得各项收入和产生的各项支出，都应当符合国家规定，按照财务管理要求，分项如实核算。全部纳入单位预算，统一核算、统一管理。

　　各项支出还要经过单位财务部门按照批准的预算和有关规定审核办理。严格执行国家规定的开支范围及标准，对节约潜力大、管理薄弱的支出进行重点管理和控制。

　　在如今的政府或其他行政部门中，几乎每年都会开展几个大项目，而这些项目的支出则大多来自财政拨款，而且数额巨大、程序繁杂。因此，在管理上势必会更加困难，我们在这里需要重点阐述项目支出这一项，财会人员在具体操作时需要严格按照单位的规定和既定流程进行。

　　通常需要按照以下四个步骤进行：

第一步：从财政部门或者上级预算单位取得的项目资金。

第二步：按照批准的项目和用途使用，专款专用、单独核算。

第三步：按照规定向同级财政部门或者上级预算单位报告资金使用情况，接受财政部门和上级预算单位的检查监督。

第四步：项目完成后，行政单位应当向同级财政部门或者上级预算单位报送项目支出决算和使用效果的书面报告。

在资金管理中，还会涉及一部分剩余资金的管理、结转和结余资金。结转资金、结余资金，是单位年度收入与支出相抵后的剩余的那部分资金。

结转资金，即当年预算已执行但未完成，或者因故未执行，需要按照计划计入下一年度继续使用的资金。结余资金是指当年预算工作目标已完成，或者因故终止剩余的那部分资金。

对于这两类资金的管理，应该专门设置会计科目。在"收支结余——财政补助结转（余）"明细科目中反映。

以"财政补助"为例，本科目应当设置"财政补助结转"、"财政补助结余"两个一级明细科目。

"财政补助结转"一级明细科目下应设置"基本支出结转"、"项目支出结转"两个二级明细科目。

"基本支出结转"二级明细科目下应按照《政府收支分类科目》中"支出功能分类科目"的相关科目进行明细核算。

"项目支出结转"二级明细科目下应按照《政府收支分类科目》中"支出功能分类科目"的"医疗卫生"、"科学技术"、"教育"等相关科目以及具体项目进行明细核算。

"财政补助结余"一级明细科目下应当按照《政府收支分类科目》中"支出功能分类科目"的相关科目进行明细核算。

四、行政单位的采购管理

行政单位的采购，通常是指各级行政事业单位、团体组织和国家机关，使用财政性资金购买依法制定的、限额标准以上的货物、工程和服务的行为。财政部门或财会人员在这一系列的行为中充当着一个大闸门的作用，严格控制着采购成本和质量。

采购管理，不单单是对采购过程的管理，还包括采购政策、采购程序及采购工作后续工作，是一种对公共采购管理系列性行为。

那么，财政部门和财会人员的主要职责有哪些呢？

（1）建立健全政府采购预算与计划管理、政府采购活动管理、验收管理等政府采购内部管理制度。

（2）加强对采购业务预算与计划的管理。建立预算编制、政府采购和资产管理等部门或岗位之间的沟通协调机制。根据本单位实际需求、相关标准编制采购预算，按照已批复的预算安排采购计划。

（3）明确职责权限，确保不相容岗位相互分离。如采购需求与内部审批、招标文件准备与复核、合同签订与验收、验收与保管等。

（4）加强对采购资金的管理，高效使用采购资金，砍掉不必要的流程和控制浪费，即在采购活动中建立统一的资产管理，且与财会、内部审计、纪检监察等部门相互协调、相互制约的机制。

（5）加强对采购流程的管理，按照规定选择政府采购方式、发布政府采购信息。尤其是对进口产品的采购、采购方式的变更等事项，应当加强内部审核，严格履行审批手续。

（6）加强对采购项目验收的管理。要求必须根据已规定的验收制度和采购文件进行，并由指定部门或专人对所购物品的品种、规格、数量、质量和其他相关内容进行验收，并出具验收证明。

（7）加强对采购内部审核的管理。如采购预算与计划、各类批复文件、招标文件、投标文件、评标文件、合同文本、验收证明等相关资料，需要定期对信息进行分类统计，并在内部进行通报。

（8）加强对涉密政府采购项目安全保密的管理。对于涉密政府采购项目，应当与相关供应商或采购中介机构签订保密协议或者在合同中设定保密条款。

五、行政单位资产管理

资产是指行政单位占有或者使用的、能以货币计量的经济资源，包括固定资产、流动资产、在建工程、无形资产等（见表 5 – 1）。

表 5 – 1　资产列表

种类	内　　容
固定资产	其概念与其他行政事业单位相同，使用期限 1 年以上，价值 1000 元以上，并保证完整的形态等。具体到行政单位主要包括房屋及构筑物；通用设备；专用设备；文物、陈列品；图书、档案；家具、用具、装具及动植物六大类
流动资产	1 年内变现或者耗用的资产，包括现金、银行存款、零余额账户用款额度、应收及暂付款项、存货（在工作中为耗用而储存的资产，包括材料、燃料、包装物和低值易耗品等）等

续表

种类	内　　容
在建工程	是指已经发生且有必要支出，但尚未达到交付使用状态的建设工程
无形资产	不具有实物形态而能为使用者提供某种权利的资产，包括著作权、土地使用权等

注：装具即附属在固定资产中用品，如机械设备装具、档案装具等。

在资产的管理上，很多行政单位做得非常好，投入了大量的人力、物力、财力，从而提高了资源的高效利用和利润的稳定增长。

【案例88】

上海浦东梅园街道政府，宁波北仑区政府等政府机构，在资产管理中引进了佳克固定资产条码管理系统。这是一款由实物资产管理的公司——佳克软件研发而成的管理系统，通过成熟的自动识别技术，对资产从申购到报废的全生命周期进行系统管理的软件。自推广以来，在金融、电力、商贸、外企、航空以及娱乐等多种不同的行业中得到了广泛采用，受到了客户的肯定和好评。

上海、宁波等部分政府部门引入这种管理技术，在加强国有资产的监管力度，减少和避免国有资产流失，降低国有资产的闲置浪费，及时动态地掌控资产信息等诸多方面起到了显著的作用。

为了更好、更高效地使用这些资产，财务部门和相关人员应该做好以下10项工作：

（1）建立健全单位资产管理制度，运用先进技术，加强和规范资源配置、使用和处置管理，维护资产安全完整。

（2）开设银行存款账户，报同级财政部门审批，由财务部门统一管理。从编制固定资产预算、计划采购、验收入库、登记入账、领用发出到维修保养、处置等各个环节的实物管理和财务核算；财务部门负责按固定资产的价值分类核算，审核固定资产预算。

（3）科学规范、从严控制、保障工作需要合理配置资产。有原始凭证的，按照原始凭证记账；无原始凭证的，应当依法进行评估，按照评估价值记账。

（4）建立《固定资产卡片》并记入《固定资产明细账》，加强资产日常管理工作，做好资产建账、核实和登记工作，定期或者不定期进行清查盘点，保证账账相符、账实相符。

（5）年终要全面清查盘点，对资产盘盈、盘亏应当及时处理。

（6）加强应收及暂付款项的管理，严格控制规模，并及时进行清理，不得长期挂账。

（7）资产增加时，应当及时登记入账；资产减少时，应当按照资产处置规定办理报批手续，进行账务处理。

（8）未经同级财政部门批准，行政单位不得将占有、使用的国有资产对外出租、出借。

（9）处置应当遵循公开、公平、公正的原则，依法进行评估，严格履行相关审批程序。

（10）按照国家有关规定实行资源共享、装备共建，提高资产使用效率。

六、行政单位建设项目的管理

建设项目是行政单位，尤其是政府部门必不可少的一项经营活动，每个单位、每一级政府出于这样或那样的原因，总会搞一些建设项目。

为了更好地对建设项目进行管理，财会部门在其中起着举足轻重的作用。因为，任何工程项目首先涉及费用问题以及其他与费用相关的问题。

【案例89】

2013年1月9日，成都市发改委、市财政局发出《转发省发展改革委省财政厅关于调整成都市城市基础设施配套费标准的通知》（成发改收费〔2013〕21号）规定，从2013年2月1日起执行新的城市基础设施配套费征收标准：

序号	收费项目		收费标准（元/平方米）
1	建筑项目报建费	特大市政基础设施配套费	120～220
		新建房屋防治费	3
		文物勘探发掘费	1.5
		建筑工程和质量监督费	0.8
2	新型建筑材料专项基金		5
3	水泥钢筋等建筑材料专项基金		1
4	异地绿化建设费		（1 - 现绿化率÷原绿化率）×3
5	防空地下室异地建设费		40～60

为了更好、更高效地对建设项目进行管理，财务部门和相关人员应该做好以下8项工作：

（1）明确内部相关部门和岗位的职责权限，确保项目建议和可行性研究与项目决策、预算编制与审核、项目实施与价款支付、竣工决算与竣工审计等不相容岗位相互分离。

（2）建立与建设项目相关的议事决策机制，严禁任何个人单独决策或者擅自改变集体决策意见。决策过程及各方面意见应当形成书面文件，与相关资料一同妥善归档保管。

（3）建立与建设项目相关的审核机制。项目建议书、可行性研究报告、概预算、竣工决算报告等应当由单位内部的规划、技术、财会、法律等相关工作人员或者根据国家有关规定委托具有相应资质的中介机构进行审核，出具评审意见。

（4）按照审批单位下达的投资计划和预算对建设项目资金实行专款专用，严禁截留、挪用和超批复内容使用资金。

（5）采取签订保密协议、限制接触等必要措施，确保标底编制、评标等工作在严格保密的情况下进行。

（6）加强与建设项目承建单位的沟通。准确掌握建设进度，加强价款支付审核，按照规定办理价款结算。实行国库集中支付的建设项目，单位应当按照财政国库管理制度相关规定支付资金。

（7）加强对建设项目档案的管理。做好相关文件、材料的收集、整理、归档和保管工作。

（8）经批准的投资概算是工程投资的最高限额，如有调整，应当按照国家有关规定报经批准。

七、行政单位的合同控制

合同管理是现代行政事业单位管理中一项基本内容，是保障已开展的各项活动，增强自我保护能力，提高管理水平的重要保障。而财务部作为行政单位的一个主要的职能部门，承担着控制和监督的职责。因此，财务人员有义务认真学习《合同法》，掌握合同知识，熟悉合同条款，掌握签订合同的技巧，只有这样才能履行好财务监督职能。

行政单位财务部门在履行其职责时，应该从以下八个方面入手：

（1）建立合同履行监督审查制度。对合同履行中签订补充合同，或变更、解除合同等应当按照国家有关规定进行审查。

（2）根据合同履行情况，办理价款结算和进行账务处理，未按照合同条款履约的，应当在付款之前向单位有关负责人报告。

（3）合同实施归口管理，建立财会部门与合同归口管理部门的沟通协调机制，实现合同管理与预算管理、收支管理相结合。

（4）合理设置岗位，明确合同的授权审批和签署权限，妥善保管和使用合同专用章，严禁未经授权擅自以单位名义对外签订合同，严禁违规签订担保、投资和借贷合同。

（5）加强对合同订立管理，明确合同订立的范围和条件。影响重大、涉及较高专业技术或法律关系复杂的合同，应当组织法律、技术、财会等工作人员参与谈判，必要时可聘请外部专家参与相关工作。

（6）对合同的履行情况实施有效监控。合同履行过程中，因对方或单位自身原因导致可能无法按时履行的，应当及时采取应对措施。

（7）配合合同归口管理部门加强对合同登记工作，定期对合同进行统计、分类和归档。详细登记合同的订立、履行和变更情况，实行合同的全过程管理。

（8）协同相关部门解决合同纠纷。一旦有合同纠纷发生，应当在规定时效内与对方协商。经协商达成一致的，双方应当签订书面协议；无法解决的，经办人员应向单位有关负责人报告，并根据合同约定选择仲裁或诉讼方式解决。

八、行政单位的评价与监督

按照规定，行政单位必须建立健全内部监督制度，以明确各相关部门或岗位职责权限，规定监督的程序和要求，对内部控制建立与实施情况进行内部监督检查和自我评价。

1. 财务监督的内容

（1）为了加强机关财务管理，强化财务监督，规范经费收支行为，增强经费的使用效益，制定本制度。

（2）机关各项经费实行统一预算管理，本着"量入为出、力求节约，先收后支、留有余地"的原则，编制年度经费预算方案。

（3）严格各项费用开支的审核报销手续。

（4）严格根据经费报销、审批程序对各项费用进行管理。

（5）因公借款须填写借条，经办主要领导批准方可借款；公务完成后两周内还款或办理财务结算手续。逾期不办理还款或财务结算手续的要受到相应处罚。

（6）对于通过银行转账的业务支出，具体填报《银行付款申请表》的经办人员须负责该项转账业务的后续销账手续。

（7）各项支出应按公务卡的使用规程优先使用公务卡消费。确实不能使用公务卡消费的零星支出，方可通过现金报账。

（8）固定资产的购置按《政府采购法》有关规定办理，文件规定可不采用政府招标采购的特殊人防设备，可参考《政府采购法》，由办公室组成集中采购小组负责采购工作。

2. 对财务部门进行财务监督和评价的要求

（1）根据本单位实际情况确定内部监督检查的方法、范围和频率。

（2）相关负责人调查了解单位内部控制建立和实施的有效性，及时发现问题，揭示相关内部控制的缺陷，有针对性地提出审计处理意见和建议。

（3）相关负责人应当指定专门部门或专人负责对单位内部控制的有效性进行评价，并出具单位内部控制自我评价报告。

（4）接受国务院财政部门、审计机关及其派出机构，对本单位内部控制的建立和实施情况进行监督检查，并有义务提出检查意见和建议，配合整改。

第二节　医院的财务管理

绝大部分医院是公益性行政事业单位，不以营利为唯一目的。医院作为行政事业单位一个主要的主体，按照国家相关规定必须设立专门的财务机构，配备专职的财务人员。而且达到三级医院资格的还必须设置总会计师，其他医院可根据自身的实际情况参照设置。

一、医院的总会计师制度

建立总会计师制度是完善医院财务管理体制的重要环节和主要内容。早在1985年我国颁布实施的《会计法》就以法律的形式明确了设立总会计师的要求。1990年国务院又颁布了《总会计师条例》，对总会计师的地位、职责、权限、任免与奖惩作了全面、系统和具体的规定。1998年，卫生部、财政部联合颁布的《医院财务制度》在总则中也明确提出，有条件的医院应建立总会计师制度。

【案例 90】

2014 年年底，福建省厦门市卫生局会同市卫计委联合印发了《关于公立医院设置总会计师有关问题的通知》（以下简称《通知》）。明确要求各公立医院要按照《医院财务制度》的有关规定设置总会计师。

该《通知》进一步指出，对公立医院总会计师按医院副职领导的干部管理权限予以聘任；对试行法人治理结构改革、不再明确行政级别的医院的总会计师则按干部管理权限在报批或备案后由理事会予以聘任。

此外该《通知》还就公立医院总会计师的工作内容、任职条件做出了规定。公立医院总会计师的设置有助于加强和完善公立医院财务管理，加快现代医院管理制度的建立，进一步深化我市公立医院改革。

建立总会计师制度是现代医院发展的需求，从外部环境看，人民群众对医疗技术、服务水平、就医环境等要求越来越高。医院能否提供质量优良、价格合理的服务，是关系到医院生存与发展的大事。从医院内部运作机制来看，医院经济日趋广泛、频繁，资金来源渠道多元化。同时，在经济核算、组织、调配资金方面要求高，这些均反映了医院财务会计工作难度在不断加大。在复杂多变的环境中，如何合理地配置医院资源，降低医疗成本，提高医院资金使用效果等一系列增强医院市场竞争力问题，显得越来越重要。

因此，实施总会计师制度，目的就是强化医院财务管理工作，完善医院财务监督机制；提高财务人员的整体素质。总会计师的职责就是，协助单位其他部门切实抓好医院财务工作的组织和业务。

1. 医院总会计师的职责

（1）编制和执行预算、财务收支计划、信贷计划，拟订资金筹措和使用方案，开辟财源，有效地使用资金。

（2）进行成本费用预测、计划、控制、预算、分析和考核，督促本单位有关部门降低消耗、节约费用，提高经济效益。

（3）建立健全医院的经济核算制度，利用财务会计资料进行经济活动分析。

（4）承办医院主要行政领导人交办的其他工作。

（5）对医院财会机构的设置和会计人员的配备、会计专业职务的设置和聘任提出方案；组织会计人员的业务培训和考核；支持会计人员依法行使职权。

（6）协助单位主要行政领导人对企业的生产经营、行政事业单位的业务发展以及基本建设投资等问题作出决策。

（7）参与新产品、技术改造、科技研究、商品（劳务）、价格和工资奖金等方案的制订；参与重大经济协议的研究审查。

2. 医院总会计师的任职资格

总会计师不同于单位内部财会机构负责人，更不同于一般的会计人员，必须具备一定的任职条件。这是确保总会计师制度的实施，发挥总会计师在经济管理中职能作用的重要环节。那么，什么样的人才适合担当医院的总会计师重任呢？其选择标准如下：

（1）坚持原则、廉洁奉公。总会计师掌管着单位的经济命脉和财经大权，并负有严格维护国家财经纪律的责任。因此，总会计师必须做到坚持原则，廉洁奉公。

（2）单位领导成员之一，不但是会计方面的能手，还必须是行政副手，具备一定的政治素养。

（3）具有专业技术资格，具有较高的、扎实的财务会计理论知识，还应该具有独立、全面的组织领导本单位的财务会计工作能力。

（4）主管一个单位或者单位内部一个重要方面的财务会计工作3年以上。要有组织、协调处理各方面关系的能力和经验。

（5）有较高的理论政策水平，熟悉国家财经纪律、法规、方针和政策，掌握现代化管理的有关知识。

（6）具备本行业的基本业务知识，熟悉行业情况，有较强的组织领导能力。

同时，值得注意的是为建立和完善这一制度，卫生部和医院的主管部门已经改变了过去实施的"符合条件、具备条件"的提法。而且进一步提出要与医院的实际需求相结合，按医院规模、收入状况设立一个标准，达到标准的必须建立总会计师制度。

当然仅仅建立医院总会计师制度还不能完全解决医院财务管理体制科学设置的问题，还必须把总会计师制度的建立和医院内部机构的改革视为一个系统工程，统筹解决，才能完善医院财务管理体制。

二、医院财务机构的设置

关于医院财务机构如何设置才更合理、更符合医院的长期利益，已经不是一个新鲜的话题，但却一直是个有争议的话题。为了更清晰地看懂医院财务机构的构架，我们先来看一幅图（见图5-4）：

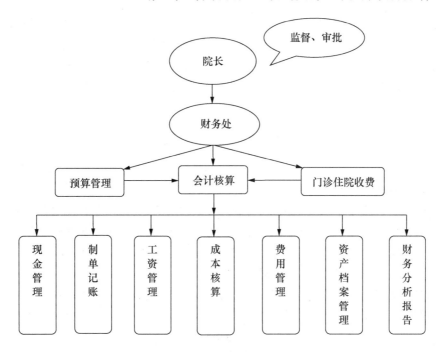

图 5 - 4　医院财务机构设置

图 5 - 4 是一个比较理想化的模式，真正运用于实践的则比较少。为了更彻底地了解医院财务机构体制与岗位设置，我们还需要分割成三大部分去理解：

1. 隶属关系

医院财务机构的隶属关系大体有两种：一是后勤副院长领导；二是院长直接领导。在全国医院中前者较普遍，后者是随着近年来市场经济的发展而诞生的一种形式，且随着医院改革的加快，发展较快。

尽管第一种隶属关系的运用在大部分医院中较为普遍，但在市场经济形势下片面性和局限性愈发凸显，严重限制了医院工作的正常开展。而后一种形式更为适合当前发展形势，符合市场经济规律和医院内在发展规律，从而能够统揽全局、充分发挥医院资金使用效益，指导医院的业务工作和经营管理工作。

2. 管理部门

目前，一所医院存在两个同级的财务管理部门非常常见，如有些大中型医院成立了"经改办"。这个新诞生的部门主管部分财务工作，而且独立于财务部门之外、与财务部门平级。也有部分医院有单独财务核算部门,由医院院长主管。一所医院,两个"财务中心",这样会导致什么结果呢?最大的问题就是由于编制、级别与财务处并行以及主管领导的不同,财务管理工作没有一个明确界定,核算渠道不清,核算中时常出现口径不一、标准不一等现象,打乱了医院财务管理工作的正常秩序。

有的医院把挂号室、收费室列入门诊办公室管理;有的医院把物价、催费设在财务处之外的一个独立部门。挂号、收费、物价、催费是医院财务工作不可分割的一部分,这样人为地把它们分离出去,形成隶属多门,多头管理,容易造成工作脱节。

医院财务是一个整体,同时也是一个系统,因此最理想的模式就是确定一个财务管理中心,对医院所有的财务工作进行集中管理。下面可设不同的科室,分管不同的工作,但必须隶属于总中心。

3. 对财务管理部门进行升级

对财务部门进行升级,目的是提高财务管理工作在医院管理体系中的地位和作用,杜绝"有头无腿"的现象。如财务部门从总务部门分离出来,由科升为处,但这不只是简单的分离和晋升,而需要按照市场经济、医院发展的需求,适应医院内部改革和管理的需求。

在很多医院财务科虽然由科升为处,但其内部核算与管理却没有变,所有工作仍集中在财务部门,没有分支下属机构,形成"有头无腿"的局面。把财务管理和会计核算混在一起,分工不明确,使财务负责人整天忙于日常事务,只能头痛医头、脚痛医脚、首尾不能相顾,也不便于发挥其积极性,严重制约了医院经济工作的开展。

三、医院的预算管理

国家对医院实行"核定收支、定项补助、超支不补、结余按规定使用"的预算管理办法。地方医院可结合本地实际情况,对有条件的医院开展"核定收支、以收抵支、超收上缴、差额补助、奖惩分明"等多种管理办法。

医院实行全面预算管理的前提是,建立健全的预算管理制度,如预算编制、审批、执行、调整、决算、分析和考核等制度。与此同时,要兼顾好医院的实际情况。如对前一年度预算执行情况进行全面分析,根据年度发展计划、影响预算年度收入因素的增减情况,测算编制的收入;根据业务活动需要和可能,编制支出预算,包括基本支出预算和项目支出预算。

总之要坚持原则,严格按照流程操作,原则即以收定支、收支平衡、统筹兼顾、保证重点，不得编制赤字预算，这与所有的行政事业单位预算原则相同。流程则具有自身的独特性，如图 5-5 所示。

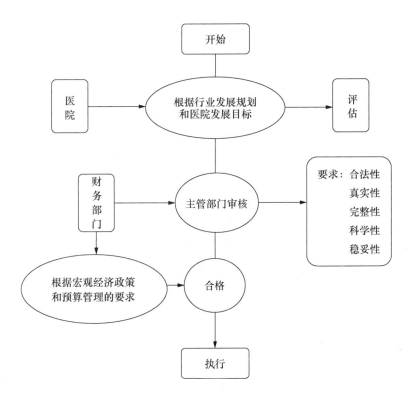

图 5-5　医院预算编制工作程序

另外，由于医院机构的特殊性，财会人员在做执行预算时必须注意两点：一是严格按照预算计划去执行；二是按照实际需求及时对预算做出调整。

1. 医院要严格执行批复的预算

经批复的医院预算是控制医院日常业务、经济活动的依据和衡量其合理性的标准，医院要严格执行。并将预算逐级分解，落实到具体的责任单位或责任人。医院在预算执行过程中应定期将执行情况与预算进行对比分析，及时发现偏差、查找原因，采取必要措施，保证预算整体目标的顺利完成。

2. 医院应按照规定调整预算

财政部门核定的财政补助等资金预算及其他项目预算执行中一般不予调整。当事业发展计划有较大调整，或者根据国家有关政策需要增加或减少支出、对预算执行影响较大时，医院应当按照规定程序提出调整预算建议，经主管部门（或举办单位）审核后报行政部门按规定程序调整预算。

四、医院的收支管理

1. 收入管理

收入是指医院开展医疗服务及其他活动依法取得的非偿还性资金，包括医疗收入、财政补助收入、科教项目收入和其他收入（见表5-2）。

表5-2 医院财务收入分类及内容

医疗收入即医院开展医疗服务活动取得的收入，包括门诊收入和住院收入	门诊收入	为病人提供医疗服务所取得的收入，包括挂号收入、诊察收入、检查收入、化验收入、治疗收入、手术收入、卫生材料收入、药材收入品收入、药事服务费收入、其他门诊收入等
	住院收入	为住院病人提供医疗服务所取得的收入，包括床位收入、诊断收入、检查收入、化验收入、治疗收入、手术收入、护理收入、卫生材料收入、药品收入、药事服务费收入、其他住院收入等
政补助收入即医院按部门预算隶属关系从同级财政部门取得的各类财政补助收入	财政基本支出补助收入	指由财政部门拨入的符合国家规定的离退休人员经费、政策性亏损补贴等经常性补助收入
	项目支出补助收入	指由财政部门拨入的主要用于基本建设和设备购置、重点学科发展、承担政府指定公共卫生任务等的专项补助收入
科教项目收入		即医院取得的除财政补助收入外专门用于科研、教学项目的补助收入
其他收入		即医院开展医疗业务、科教项目之外的活动所取得的收入，包括培训收入、租金收入、食堂收入、投资收益、财产物资盘盈收入、捐赠收入、确实无法支付的应付款项等

按规定，医疗服务产生的收入必须依据国家和地方政府规定的付费方式和付费标准得以确认。严格按照国家物价政策执行，建立健全各项收费管理制度，不得私自收费和违规操作，否则要受到相应的处罚。

当前，不少医疗机构存在乱收费现象，名目繁多，花样百出。主要存在下列违法收费问题：

一是自立项目收费。不少医院在国家规定的医疗服务项目之外，擅自设立医疗服务项目和自定标准进行收费。

二是提高标准收费。即违反国家对医疗服务价格实行政府指导价管理的相关规定，超出指导价格向患者收取费用，如有的医院对学龄前儿童、高校及中小学学生体检超出规定标准 5 倍收取体检费。

三是分解项目收费。在某一大项收费的前提下，仍在部分所属项目收费，如需要进行心脏彩色多普勒超声检查，在收取了心脏彩色多普勒超声常规检查费后，分解项目再收取普通二维超声心动图和普通心脏 M 形超声检查费。

四是重复收费。如部分医院对需要输液的病人通过多记注射器等一次性医用耗材数量方式重复计价收费。

五是扩大范围收费。即对于在特定的情形下才能收取费用的医疗服务项目，医疗机构在非特定的情形下也向不属于收费范围的病患收取相关费用。

六是其他违规收费行为。如部分医院对需要进行 B 超检查的住院病人，在未向病人提供图文报告的情况下收取了超声计算机图文报告费。

【案例91】

2014 年 6 月，广东开展了处理医疗机构违法乱收费的行为。本次行动中，共有 20 家医疗机构被开出行政处罚告知书，对相关违法收费行为进行处罚，合计处罚金额 1079 万元。

在通报的案例中，违规行为形式多样，有的医院对学龄前儿童、高校及中小学学生体检超出规定标准 5 倍收取体检费；有的医院违规自定项目和标准向患者收取体温计、识别带、服药杯、体检表等费用；部分医院对需要输液的病人通过多记注射器等一次性医用耗材数量方式重复计价收费，尤以省妇幼保健院为甚，违规收费项目达 27 项之多。

被通报的 20 家医院都受到了相应处罚。

所以，国家明文规定，医院门诊、住院收费必须按照有关规定使用国务院或省（自治区、直辖市）财政部门统一监制的收费票据。医疗收入原则上当日发生当日入账，并及时结算。严禁隐瞒、截留、挤占和挪用。

2. 支出管理

支出是指医院在开展医疗服务及其他活动过程中发生的资产、资金耗费和损失。与收入基本相对应，一般包括医疗支出、财政项目补助支出、科教项目支出、管理费用和其他支出（见表 5 - 3）。

值得注意的是，财政补助收入和科教项目收入形成的固定资产折旧和无形资产摊销，不在支出范围之内。

表5-3 医院财务支出分类及内容

医疗支出即医院在开展医疗服务及其辅助活动过程中发生的支出	人员经费	基本工资、绩效工资（津贴补贴、奖金）、社会保障缴费、住房公积金等。其他费用包括办公费、印刷费、水费、电费、邮电费、取暖费、物业管理费、差旅费、会议费、培训费等
	医疗器材、设备损耗	耗用的药品及卫生材料支出、计提的固定资产折旧、无形资产摊销、提取医疗风险基金和其他费用
财政项目补助支出		医院利用财政补助收入安排的项目支出。实际发生额全部计入当期支出。其中用于购建固定资产、无形资产等发生的支出，应同时计入净资产，按规定分期结转
科教项目支出		医院利用科教项目收入开展科研、教学活动发生的支出。用于购建固定资产、无形资产等发生的支出，应同时计入净资产，按规定分期结转
管理费用		医院行政及后勤管理部门为组织、管理医疗和科研、教学业务活动所发生的各项费用。具体包括医院行政及后勤管理部门发生的人员经费、耗用的材料成本、计提的固定资产折旧、无形资产费用，以及医院管理中产生的坏账、死账损失；应交印花税、房产税、车船税、利息支出，以及其他公用经费
其他支出		除上述项目以外所有支出的统称，包括出租固定资产的折旧及维修费、食堂支出、罚没支出、捐赠支出、财产物资盘亏和毁损损失等

医院的支出，应当严格执行国家有关财务规章制度规定的开支范围及开支标准。和国家有关财务规章制度有统一规定的，若有违反规定、违反法律和国家政策的，主管部门（或举办单位）和财政部门应当责令改正。

同时对申请部门和人进行严格的监督，医院支出的费用，是财政部门或主管部门（或举办单位）在使用部分提出正式申请后，下发的、有指定用途的项目资金。因此，财政部门、主管部门必须按照要求定期向（或举办单位）索取项目资金使用情况；项目完成后应索取项目资金支出决算和使用效果的书面报告，并对申请部门或个人进行检查验收。

五、医院的成本管理

成本管理是指医院通过成本核算和分析，对预算提出成本控制措施，降低医疗成本的一系列财务活动。其目的是强化成本意识，降低医疗成本，提高医院绩效，全面、真实、准确反映医院成本信息，增强医院在医疗市场中的竞争力。

成本管理的核心是成本核算，即要对业务活动中所发生的各种消耗、费用，按照一定的核算原则进行归集和分配，最后计算出总成本和单位成本。根据核算的对象不同，通常可分为科室成本核算、医疗服务项目成本核算、病种成本核算、床日和诊次成本核算5种。

科室成本核算，是指将医院业务活动中所发生的各种耗费，以科室为单位进行归集和分配，最终计算出科室成本。

一个医院通常会设置很多科室，每个科室可以看作一个单独的成本核算而存在。一般有4个类别：

（1）临床服务类。临床服务类指直接为病人提供医疗服务，并能体现最终医疗结果、完整反映医疗成本的科室。

（2）医疗技术类。医疗技术类指为临床服务类科室及病人提供医疗技术服务的科室。

（3）医疗辅助类。医疗辅助类科室是服务于临床服务类和医疗技术类科室，为其提供动力、生产、加工等辅助服务的科室。

（4）行政后勤类。行政后勤类是指除临床服务、医疗技术和医疗辅助科室之外的从事院内外行政后勤业务工作的科室。

在如何划分科室的归属上，还需要通过健全的组织机构，按照规范的统计要求及报送程序，将支出直接分配所属科室，形成各科室的成本。按照计入方法，成本分为直接成本和间接成本。直接成本，是指科室为开展医疗服务活动发生的，能够直接计入或采用一定方法计算后直接计入支出。间接成本，是指为开展医疗服务活动发生的不能直接计入、需要按照一定原则和标准分配计入的各项支出。

核算方法可采用工作量、业务收入、收入、占用资产、面积等，分摊后形成门诊、住院临床服务类科室的成本。

医疗服务项目成本核算，是以某个医疗项目为单位，将业务活动中所发生的各种耗费进行归集和分配，最终计算出总成本的形式。核算办法是将临床服务类、医疗技术类、医疗辅助类科室的医疗成本向其提供的医疗服务项目进行归集和分摊。

分摊参数可以参照科室成本核算方法，按照各项目收入比、工作量等设置。

在明确了前两种成本核算的概念和核算方法后，举一反三，后三种核算方式理解起来也不再困难。

其概念分别为，以病种、诊次、床日为核算对象，按一定流程和方法对成本进行归集的过程。核算办法分别为，以治疗某一病种、门急诊人次、住院床日所耗费的医疗成本、药品成本及单独收费材料成本进行叠加，计算出最终的医疗成本。

总之，为了正确反映医院正常业务活动的成本和管理水平，医院必须全方位、多角度地进行成本核算结果，对照目标成本或标准成本，采取趋势分析、结构分析、量本利分析等方法及时分析实际成本变动情况，把握成本变动规律，提高成本效率。

不过为了节约成本，对于一个医院来讲没必要全部按照这几种方式去核算，可按照自身的情况有选择地进行。一般的医院以科室、诊次和床日为核算对象就足够了，三级医院或者其他有条件的医院可以医疗服务项目、病种等为核算对象进行成本核算。无论选择哪种核算对象，在核算时都必须遵循合法性、可靠性、相关性、分期核算、权责发生制、按实际成本计价、收支配比、一致性、重要性等原则。

值得注意的是，在进行医院成本核算时，下列几项业务所发生的支出不计入成本范围，分别为：

（1）不属于医院成本核算范围的其他核算主体及其经济活动所发生的支出。

（2）为购置和建造固定资产、购入无形资产和其他资产的资本性支出。

（3）对外投资的支出，各种罚款、赞助和捐赠支出。

（4）国家规定的不得列入成本的其他支出。

（5）有经费来源的科研、教学等项目支出。

（6）在各类基金中列支的费用。

六、医院的收支结余管理

医院结余资金应按规定纳入单位预算，在编制年度预算和执行中需追加预算时，按照财政部门的规定安排使用。按照国家规定，医院应加强结余资金的管理，正确计算与分配结余。收支结余，即医院收入与支出相抵后的余额。计算公式如下：

收支结余 = 业务收支结余 - 医疗收支结余 + 其他收入 - 其他支出

由于收支结余又有很多分支，如业务收支结余、财政项目补助收支结转（余）、科教项目收支结转（余）等。因此，在计算公式上也应具体化，分别为：

医疗收支结余 = 医疗收入 + 财政基本支出补助收入 - 医疗支出 - 管理费用

财政项目补助结余 = 财政项目补助收入 - 财政项目补助支出

科教项目收支结转（余）＝科教项目收入－科教项目支出

换句话说，进行收入和支出管理最直接的目的，就是处理好收支之间的平衡。那么如何来做好这项工作呢？这就需要掌握最基本的技巧。

1. 扣除规定的费用

收支结余应于期末扣除按规定结转下年继续使用的资金后，结转至结余分配。结余为正数的，可以按照国家有关规定提取专用基金，转入事业基金；为负数的，应由事业基金弥补，不得进行其他分配，事业基金不足以弥补的，转入未弥补亏损。

2. 符合医院的实际需要

实行收入上缴的地区要根据本地实际，制定具体的业务收支结余率、次均费用等控制指标。超过规定控制指标的部分应上缴财政，由同级财政部门会同主管部门统筹专项用于卫生事业发展和绩效考核奖励。

3. 兼顾国家的特殊规定

财政项目补助收支结转（余）、科教项目收支结转（余）结转下年继续使用（国家另有规定的，按照规定行事）。

七、医院的财务清算

财务清算业务通常发生在医院将要撤销、合并、重组、分立时。医院清算工作，应由各级政府主管部门授权（或举办单位），在相关部门的监督指导下进行，财政部门按有关规定组成清算小组开展工作。

清算的财产包括宣布清算时的全部财产和清算期间取得的财产。

（1）应付而未付的职工工资、社会保障费等。

（2）债权人的各项债务。

（3）剩余资产经主管部门和财政部门核准后并入接收单位或上交主管部门。

（4）清算期间发生的费用。

（5）被清算财产不足以清偿的，应先按照规定支付清算期间发生的费用，再按照比例进行清偿。

对财产进行清算前应成立清算小组，先制订清算方案，对医院的财产、债权、债务进行全面清理，对现有资产进行重新估价，编制资产负债表和财产清单、债权清单、债务清单，通知所有债权人在规定期限内向清算机构申报债权，提出财产作价依据和债权、债务处理办法，做好资产的移交、接收、划转和管理工作（见图5-6）。

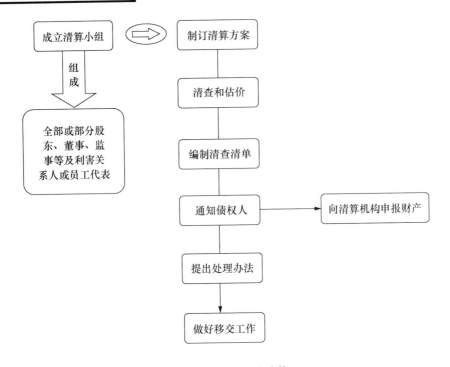

图 5-6 医院财产清算

清算完毕，清算小组应当提出清算报告，编制清算期间的收支报表，验证后，报送主管部门（或举办单位）和财政部门审查备案。

清算期间发生的财产盘盈、盘亏或变卖，无力归还的债务，无法收回的应收账款等应按国有资产管理有关规定处理。未经清算小组同意，任何组织机构和个人不得处理医院财产。

八、医院的资产管理

资产是医院存在和发展的基础，加强对资产的管理是财务部门一个重要的工作内容。

在对资产进行管理上，首先需要清楚资产的类型。按年限可分为固定资产和流动资产，按形态可分为有形资产和无形资产，另外，还有一种特殊的形态——净资产。

1. 固定资产管理

医院的固定资产一般有：专业医疗设备、一般医疗设备、房屋和建筑物、已经发生必要支出在建工程以及其他固定资产。其实，这仅仅是个相对模糊的分类，在实践中很多时候无法清晰地区分，如专业设备与一般设备本没有严格意义的区分。那么，如何来界定固定资产呢？为了对这个概念有个更直观的认识，我们简列了些判断标准，只要满足了 4 个条件，即可视为医院的固定资产：①单位价值在 1000 元及以上（专业设备单位价值在 1500 元及以上）；②使用期限在 1 年以上（不含 1 年）；③在使用过程中基本保持原有物质形态的资产；④单位价值未达到规定标准的、耐用时间在 1 年以上（不含 1 年）的大批同类物资，也可视为固定资产。

医院在对固定资产进行管理时，应按国家有关规定甚至专门的管理机构和人，单独建账、单独核算，并及时办理资产交付使用手续。

通常需要建立健全的三账一卡制度，即财务部门负责总账和一级明细分类账；固定资产管理部门负责二级明细分类账；使用部门负责建卡（台账）。大型医疗设备还要实行责任制，指定专人管理，制定操作规程，建立设备技术档案和使用情况报告制度。

为提高固定资产使用率，医院应当对固定资产定期进行实地盘点。对盘盈、盘亏的固定资产，应当及时查明原因，并根据规定的管理权限，报经批准后及时进行处理。定期与财务部门核对，做到账账相符、账卡相符、账实相符。

医院对需要出售、转让、报废固定资产的，应当按照国有资产管理规定根据资产性质，在预计使用年限内，采用平均年限法或工作量法计提折旧，不考虑残值。当月增加/减少的固定资产，当月不计提折旧，而是从下月开始；已经计提折旧仍继续使用的不再计提。

具体的计提折旧办法由各省（自治区、直辖市）主管部门会同财政部门规定或审批。

2. 流动资产管理

流动资产在周转过渡中，从货币形态开始，依次改变其形态，最后又回到货币形态，各种形态的资金与生产流通紧密相结合，周转速度快，变现能力强。

流动资产是相对固定资产而言的，是指可以在一年内（含一年）变现或者耗用的资产。包括货币资金、应收款项、预付款项、存货等（见表 5-4）。

一般来讲，在货币资金的管理上没有特殊要求，通常在应收款项、预付款项和存货的管理上则需要十分注意。

在应收账款上可采用余额百分比法、账龄分析法、个别认定法等方法计提坏账准备。累计计提的坏账不超过年末应收医疗款和其他应收款科目余额

表 5－4　医院流动资产及管理

种类	定义	内容	管理办法
货币资金	经营资金在周转过程中停留在货币形态上的那部分资金	现金、银行存款、零余额账户用款额度	建立健全货币资金管理制度
应收、预付款项	医院在开展业务活动和其他活动过程中形成的各项债权	应收医疗款、预付账款、财政应返还资金和其他应收款等	加强管理，定期分析、及时清理
存货	医院为开展医疗业务及其他活动而储存的物品	低值易耗品、卫生材料、药品、其他材料等物资	计划采购、定额定量供应

的 2%～4%。对账龄超过三年，确认无法收回的应收医疗款和其他应收款可作为坏账损失处理。而且要搞清楚坏账的损失原因和经过，并按照国有资产管理的有关规定报批后做冲销。收回已经核销的坏账，增加坏账准备。

对于存货，要具体问题具体对待：购入的物资按实际购入价计价、自制的物资按制造过程中的实际支出价计价、盘盈的物资按同类品种价格计价。

为了高效利用存货，需要按照定额储存，定期盘点，尤其是到了年终必须进行全面盘点清查，低值易耗品实物管理采取"定量配置、以旧换新"等管理办法。保证账实相符。对于盘盈、盘亏、变质、毁损等情况，应当及时查明原因，根据管理权限报经批准后及时进行处理。

3. 净资产管理

净资产是指医院资产减去负债后的余额。包括事业基金、专用基金、待冲基金、财政补助结转（余）、科教项目结转（余）、未弥补亏损。

（1）事业基金。即医院按规定用于事业发展的净资产。包括结余分配转入资金（不包括财政基本支出补助结转）、非财政专项资金结余解除限制后转入的资金等。

事业基金按规定用于弥补亏损的最高限额为事业基金扣除医院非财政补助资金和科教项目资金形成的固定资产、无形资产等资产净值。

医院应加强对事业基金的管理，统筹安排，合理使用。对于事业基金滚存较多的医院，在编制年度预算时应安排一定数量的事业基金。

（2）专用基金。即医院按照规定设置、提取具有专门用途的净资产。主要包括职工福利基金、医疗风险基金等。

职工福利基金是指按业务收支结余（不包括财政基本支出补助结转）的一定比例提取、专门用于职工集体福利设施、集体福利待遇的资金。

医疗风险基金是指从医疗支出中计提、专门用于支付医院购买医疗风险保险发生的支出或实际发生的医疗事故赔偿的资金。医院累计提取的医疗风险基金比例不应超过当年医疗收入的 $1‰ \sim 3‰$。具体比例可由各省（自治区、直辖市）财政部门会同主管部门（或举办单位）根据当地实际情况制定。

医院应加强对职工福利基金和医疗风险基金的管理，统筹安排，合理使用比例或者暂停提取。

其他专用基金是指按照有关规定提取、设置的其他专用资金。

各项基金的提取比例和管理办法，国家有统一规定的，按照统一规定执行；没有统一规定的，由省（自治区、直辖市）主管部门（或举办单位）会同同级财政部门确定。

专用基金要专款专用，不得擅自改变用途。

（3）待冲基金。即财政补助收入和科教项目收入形成的资本性支出净值。

（4）财政补助结转（余）。医院历年有限定用途的财政补助结转（余）资金，包括从业务收支结余转入的基本支出结转以及项目支出结转（余）。

（5）科教项目结转（余）。医院尚未结项的科教项目累计取得科教项目收入减去累计发生支出后，留待以后按原用途继续使用的结转资金，以及医院已经结项但尚未解除限制的科研、教学项目结余资金。

（6）未弥补亏损。即事业基金不足以弥补的亏损。

第三节　文化事业单位财务管理

按照国家有关规定，任何从事文化事业的单位都应当也必须设置财务会计机构，并配备一定数量具有从业资格的财务会计人员。凡属于该单位范围内的一切财务活动都由单位负责人直接领导，财务部门统一管理。

文化事业单位财务人员的主要任务包括：建立健全单位的财务制度，加强经济核算，实施绩效评价，提高资金的使用效率；加强单位资产的管理，合理配置，有效利用资产，防止造成资产的不必要流失；合理编制单位预算，真实反映单位财务状况，在财务活动中严格按照预算执行；依法组织收入，本着节约支出的原则，参与单位重大经济决策和对外签订经济合同等事项；加强对单位经济活动的财务控制和监督，防范财务风险。

一、文化事业单位的预算管理

预算是根据单位职能、事业发展目标和计划编制的年度财务收支计划。财务预算是一项非常系统的、条例清晰的工种，预算管理可优化企业的资源配置，是将单位内部的管理灵活运用于预算管理的全过程。

预算一般包括营业预算、资本预算、财务预算和筹资预算，各项预算的有机组合构成总预算，也就是通常所说的全面预算。可见，预算工作对文化事业单位的重要性。

【案例92】

甲科研所是一家中央级事业单位，所属预算单位包括一家研究生院。除财政拨款收入外，该科研所无其他收入。2010年11月，该科研所财务处按照上级主管部门的要求，汇总编制了本单位及所属预算单位2011年度"二上"预算草案。此前，上级主管部门和财政部门对甲科研所本级下达的预算控制限额为：基本支出8000万元，其中，人员经费3500万元、日常公用经费4500万元；项目支出4800万元，其中，×项目（为2011年新增项目）支出800万元。

那么，如何来做好财务预算呢？需要坚持一定的原则和程序（见表5-5和表5-6）。

表5-5　文化事业单位预算编制工作原则

合法合规	根据国家有关方针政策、法律法规以及文化事业发展目标和计划编制单位预算
收支平衡	坚持以收定支、收支平衡的原则，保持收支平衡，避免编制赤字预算
统筹兼顾	既要考虑事业发展的需要，又要考虑国家财力可能和单位收入状况、资产状况，保证重点，兼顾一般
注重绩效	挖掘内部潜力，努力增收节支，加强绩效管理，推进绩效评价与预算编制的有机结合，提高资金使用效益
完整统一	将全部财务收支在预算中予以反映，并按照国家预算表格和统一的口径、程序及计算依据编制单位预算

表5-6　文化事业单位收入分类及内容

财政补助收入		文化事业单位从同级财政部门取得的各类财政拨款
上级补助收入		从主管部门和上级单位取得的各种非财政补助收入
经营收入即单位在专业或非专业业务范围内开展非独立经营活动而取得的收入	销售收入	非独立核算部门销售商品取得的收入
	经营服务收入	非独立核算部门对外提供经营服务取得的收入
	租赁收入	对外出租房屋、场地和设备等取得的收入
	其他经营收入	在专业业务活动及其辅助活动之外，开展非独立核算的经营活动取得的除上述各项收入以外的收入
事业收入即文化事业单位开展专业业务活动及其辅助活动取得的收入	演出收入	艺术表演团体进行各类文艺演出取得的收入
	文化场馆服务收入	艺术表演场所、文化展示及纪念机构开展文艺演出、举办展览展映等活动所取得的收入
	技术服务收入	提供各种技术指导、技术咨询、技术服务取得的收入
	培训收入	举办各种文化艺术培训班取得的收入
	门票收入	文化展示及纪念机构销售门票取得的收入
	外借人员劳务收入	对外提供演职人员、技术人员等取得的劳务收入
	其他收入	开展专业业务活动及其辅助活动取得的除上述各项收入以外的收入
附属单位上缴收入		与下属具有隶属关系，并具有独立核算资格的单位，按照有关规定应该上缴的那部分收入
其他收入		除上述规定以外的各项收入，如投资收益、利息收入、捐赠收入等

　　文化事业单位应当根据年度事业发展目标和计划以及预算编制的规定，提出预算建议数，经主管部门审核汇总报财政部门（一级预算单位直接报财政部门，下同）。文化事业单位根据财政部门下达的预算控制数编制预算，由主管部门审核汇总报财政部门，经法定程序审核批复后执行。

　　文化事业单位预算由收入预算和支出预算两部分组成。文化事业单位应当严格执行批准的预算。预算执行中，对财政补助收入和财政专户管理资金的预算一般不予调整。

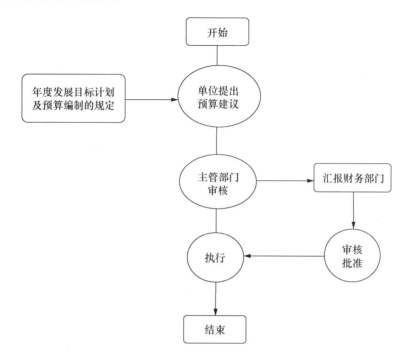

图5-7 文化事业单位预算编制程序

有的事业单位由于政策的临时变动，如上级下达的事业计划有较大调整，或者根据国家有关政策增加或者减少支出，对预算执行影响较大，财政部门应当报主管部门审核，进行调整预算；预算执行中，对财政补助收入和财政专户管理资金的预算一般不予调整。财政补助收入和财政专户管理资金以外部分的预算需要调增或者调减的，由单位自行调整并报主管部门和财政部门备案。

文化事业单位的预算，由收入预算和支出预算两部分组成。国家对文化事业单位实行核定收支、定额或者定项补助、超支不补、结转和结余按照规定使用的预算管理办法。

定额或者定项补助标准根据国家有关政策和财力可能，结合文化事业单位特点、事业发展目标和计划、财务收支及资产状况等确定。定额或者定项补助可以为零。非财政补助收入大于支出较多的文化事业单位，可以实行收入上缴办法。具体办法由财政部门会同主管部门制定。

二、文化事业单位的收支和负债管理

对单位的收入和支出进行科学有效的管理是财会人员工作的主要内容，同样，在文化事业单位也是不可忽视的主要部分。文化事业单位的收入，是指单位为开展自身的业务及其他活动依法取得的、非偿还性的资金。如经营收入、财政补助收入、事业收入等。支出，是指为开展业务，及其他活动发生的资金耗费和损失。

1. 文化事业单位的收入管理

文化事业单位收入管理的要求：

（1）在国家政策允许的范围内，合法组织收入。坚持把社会效益放在首位，坚持社会效益和经济效益的有机统一。

（2）应当使用财政税务部门统一印制的票据，并建立健全各种收据、发票、门票等票据的管理制度。

（3）严格执行国家批准的收费项目和收费标准，不得擅自设立收费项目，自定收费标准。

（4）按照规定加强银行账户的统一管理，收入要及时入账，防止流失。

（5）应当将各项收入全部纳入单位预算，统一核算、统一管理。

（6）对按照规定上缴国库或者财政专户的资金应当按照国库集中收缴的有关规定及时足额上缴，不得隐瞒、滞留、截留、挪用和坐支。

2. 文化事业单位的支出管理

表5－7　文化事业单位支出分类及内容

经营支出	在专业业务活动及其辅助活动之外开展非独立核算经营活动发生的支出
事业支出	开展专业业务活动及其辅助活动发生的基本支出和项目支出。基本支出是指文化事业单位为了保障其正常运转、完成日常工作任务而发生的人员支出和公用支出。项目支出是指文化事业单位为了完成特定工作任务和事业发展目标，在基本支出之外所发生的支出
对附属单位补助支出	用财政补助收入之外的收入对附属单位补助发生的支出
上缴上级支出	按照财政部门和主管部门的规定上缴上级单位的支出
其他支出	上述规定范围以外的各项支出，包括利息支出、捐赠支出等

文化事业单位支出管理的要求：

（1）将各项支出全部纳入单位预算，建立健全支出管理制度。

（2）单位的支出应当严格执行国家有关财务规章制度规定的开支范围及开支标准；国家有关财务规章制度没有统一规定的，由文化事业单位规定，报主管部门和财政部门备案。

（3）违反法律制度和国家政策的，主管部门和财政部门应当责令改正。

（4）从财政部门和主管部门取得的有指定项目和用途的专项资金，应当专款专用、单独核算，并按照规定向财政部门或者主管部门报送专项资金使用情况；项目完成后，应当报送专项资金支出决算和使用效果的书面报告，接受财政部门和主管部门的检查和验收。

（5）应当依法加强各类票据管理，确保票据来源合法、内容真实、使用正确，不得使用虚假票据。

3. 文化事业单位的负债管理

负债是指文化事业单位所承担的能以货币计量，需要以资产或者劳务偿还的债务。一般包括借入款项、应付款项、暂存款项、应缴款项等。

文化事业单位负债管理的要求：

（1）收取的应当上缴国库或者财政专户的资金、应缴税费以及其他按照国家有关规定应当上缴的款项。

（2）对不同性质的负债分类管理，及时清理并按照规定办理结算，保证各项负债在规定期限内归还。

（3）建立健全财务风险控制机制，规范和加强借入款项管理，严格执行审批程序，不得违反规定举借债务和提供担保。

三、文化事业单位的结转和结余管理

结转和结余是指文化事业单位年度收入与支出相抵后的余额。

结转资金是指当年预算已执行但未完成，或者因故未执行，下一年度需要按照原用途继续使用的资金。结余资金是指当年预算工作目标已完成，或者因故终止，当年剩余的资金。

财政拨款结转和结余的管理，应当按照同级财政部门的规定执行。

非财政拨款结转按照规定结转下一年度继续使用。非财政拨款结余可以按照国家有关规定提取职工福利基金，剩余部分作为事业基金用于弥补以后年度单位收支差额；国家另有规定的，从其规定。

文化事业单位应当加强事业基金的管理，遵循收支平衡的原则，统筹安排、合理使用，支出不得超出基金规模。

经营收支结转和结余应当单独反映。

四、文化事业单位的专用基金管理

文化事业单位通常都有一部分专用基金，是指按照规定提取或者设置，专门用于某种特殊项目或活动的资金（见表5-8）。这部分资金统一归财务部门或专门的财务人员管理。在对其进行管理时，应当遵循先提后用、收支平衡、专款专用的原则，支出不得超出基金规模。

表5-8　文化事业单位的专用基金

修购基金	按照事业收入和经营收入的一定比例提取，并按照规定在相应的购置和修缮科目中列支（各列50%），以及按照其他规定转入，用于文化事业单位固定资产维修和购置的资金。事业收入和经营收入较少的行政事业单位可以不提取修购基金
职工福利基金	按照非财政拨款结余的一定比例提取以及按照其他规定提取转入，用于单位职工的集体福利设施、集体福利待遇等的资金
其他基金	按照其他有关规定提取或者设置的专用资金

财会人员在对这部分资金进行管理时，需要按制度规定设置"专用基金"总账科目，并按专用基金种类分别设置明细账。如"专用基金——职工福利基金"、"专用基金——医疗基金"、"专用基金——修购基金"等明细科目，同时，要分别核算各项专用基金的增减变动情况及结果。

从单位结余中或从收入中计提职工福利基金时，要按实际提取额贷记本科目（职工福利基金），使用职工福利基金时按实际支出数额借记本科目（职工福利基金）；"专用基金——职工福利基金"明细可记录为：

借：结余分配

　　贷：专用基金——职工福利基金

按编制人数定额提取的工作人员福利费，其会计分录为：

借：事业支出

　　贷：专用基金——职工福利基金

同样，在提取医疗基金时，也要按实际提取数额贷记本科目（医疗基金），使用医疗基金时按实际开支数额借记本科目（医疗基金）。

从事业收入和经营收入中提取福利基金、固定资产报废和毁损清理时，分别以实际提取数额和残值变价净收入（或净损失）贷记（或借记）本科目（修购基金），使用修购基金时以实际支出数额借记本科目（修购基金）。

各项基金的提取比例和管理办法，国家有统一规定的，按照统一规定执行；没有统一规定的，由主管部门会同同级财政部门确定。

五、文化事业单位的资产管理

与其他行政事业单位资产一样，文化事业单位的资产，通常也是指本单位占有或者正在使用的、能以货币计量的经济资源，如各种财产、债权和其他权利。同样可分为固定资产、流动资产、在建工程、无形资产和其他资源等。

文化事业单位应当建立健全单位资产管理制度，加强和规范资产配置、使用和处置管理，维护资产安全完整，保障事业健康发展。应当按照科学规范、从严控制、保障事业发展需要的原则合理配置资产。根据单位资产存量状况、人员编制和有关资产配置标准，编制资产购置计划，按照部门预算管理的有关要求列入年度部门预算，并履行相关政府采购规定。

需要出租、出借的资产，必须按照国家有关规定，遵循公开、公平、公正和竞争、择优的原则，经主管部门审核同意后报同级财政部门审批。

1. 固定资产管理

固定资产是指使用期限超过一年，单位价值在 1000 元以上（其中：专用设备单位价值在 1500 元以上），并在使用过程中基本保持原有物质形态的资产。单位价值虽未达到规定标准，但是耐用时间在一年以上的大批同类物资，作为固定资产管理。

固定资产一般分为六类：房屋及构筑物；专用设备；通用设备；文物和陈列品；图书、档案；家具、用具、装具及动植物。

文化事业单位的固定资产明细目录由国务院文化主管部门制定，报国务院财政部门备案。

文化事业单位应当建立健全固定资产管理制度，加强固定资产维护和保养。

文化事业单位应当对固定资产进行定期或者不定期的清查盘点。年度终了前应当进行一次全面清查盘点，以保证账实相符。

2. 流动资产管理

流动资产是指可以在一年以内变现或者耗用的资产，包括现金、各种存款、零余额账户用款额度、应收及预付款项、存货等。

其中存货是指文化事业单位在开展业务活动及其他活动中为耗用而储存的资产，包括材料、燃料、包装物和低值易耗品等。

3. 在建工程管理

在建工程是指已经发生必要支出，但尚未达到交付使用状态的建设工程。管理要求同所有的行政事业单位一样，当在建工程达到交付使用状态时，按照规定办理工程竣工财务决算和资产交付使用。

4. 无形资产的管理

无形资产是指不具有实物形态，而能为使用者提供某种权利的资产，表现在文化事业单位具体为，专利权、商标权、著作权、土地使用权、非专利技术以及其他财产权利。

文化事业单位取得的收入按照国家有关规定处理，产生无形资产发生的支出，应当计入事业支出。

5. 其他资产的管理

文化事业单位应当严格执行国家现金及各种存款的有关规定，建立健全内部管理制度；对存货进行定期或者不定期的清查盘点，保证账实相符；对存货盘盈、盘亏应当及时处理；对应收及预付款项按时清理结算，加强管理。

建立健全存货管理制度。单位资产管理部门应当指定专人负责，严格收发手续，完善存货验收、出入库和保管制度，防止丢失、损坏和变质。

如果需要对无形资产进行转让，应当按照有关规定进行资产评估。具体的评估流程如图 5-8 所示。

六、文化事业单位的藏品管理

有些文化单位，拥有大量的文物、艺术品、图书等藏品，对于这部分单位，财会部门应当按照有关规定，建立健全藏品的监督管理制度，做好登记建档工作。

文化事业单位的对外投资是指依法利用货币资金、实物、无形资产等方式向其他单位的投资。

管理要求具体如下：

（1）拥有文物、艺术品、图书等藏品的文化事业单位通过购买、接受捐赠、依法调拨、交换、移交、拣选等方式取得的藏品，财务部门应当及时登记入账。

（2）财务部门应当定期与保管部门进行藏品清查盘点，重点核对藏品资产账面数、藏品登记账数和实物，确保藏品的数量、名称和实物的对应。

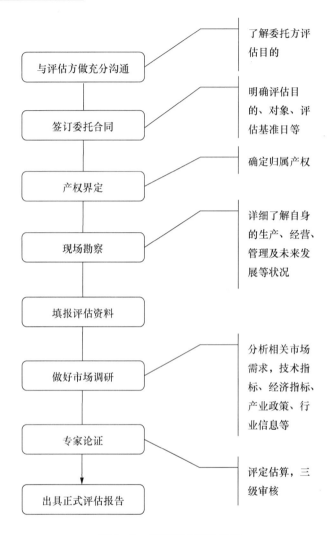

图 5 - 8　无形资产评估流程

七、文化事业单位对外投资管理

对外投资,是指利用货币资金、实务资产和无形资产向其他单位的投资。文化事业的对外投资常常有很多种。如债权性投资、权益性投资、货币资金出资、实物资产出资和文化交流等形式的无形资产出资等。

1. 管理要求

(1) 必须严格控制对外投资,在保证单位正常运转和事业发展的前提下,按照国家有关规定，履行相关审批程序。

（2）不得使用财政拨款及其结余进行对外投资，不得从事股票、期货、基金、企业债券等投资，国家另有规定的除外。

（3）以非货币性资产对外投资的，应当按照国家有关规定进行资产评估，合理确定资产价值。

（4）在会计记账时，按规定设置"对外投资"科目。

1）以货币资金出资时，应按实际支付的款项记账；以实物资产或无形资产出资时，应按评估确认的价值记账。

2）投资期内取得的利息、红利等各项投资收益，应记入当期收入。

3）转让债券取得的价款或债券到期收回的本息与其账面成本之间的差额，应记入当期收入。报表列示在资产负债表上以"对外投资"项目按账面价值列示。

2. 企业对外投资与行政事业单位对外投资的差异

有一点值得注意，很多财会人员容易混淆企业对外投资与行政事业单位对外投资。两者虽处同一类型的业务，但在会计处理上却存在较大的差异。究其原因在于企业与行政事业单位所拥有的资金性质不同。

行政事业单位的资金是预算资金，它是通过国家预算进行收支和管理的资金，属于非偿还性资金，其资金运动的形态，只有收入、支出和余超。而企业的资金是经营（营运）资金，它是通过银行信贷进行分配的资金，它属于偿还性资金，其资金运动的形态表现为资金的循环与周转，并在完成一个循环后产生资金的增值（正值与负值）。

八、文化事业单位的清算管理

文化事业单位清算管理是指发生划转、撤销、合并、分立时进行的一种必要程序。

清算，应当在主管部门和财政部门的监督指导下，对单位的财产、债权、债务等进行全面清理，编制财产目录和债权、债务清单。提出财产作价依据和债权、债务处理办法，做好资产的移交、接收、划转和管理工作，并妥善处理各项遗留问题。

1. 财务清算的步骤

（1）在进行财务清算时，应当在主管部门和财政部门、国有资产管理部门的监督指导下，成立清算组。

（2）清算组一般由划转撤并的行政事业单位负责人和财务、审计、监察、物资、后勤、人事、工会等部门的人员组成，并需报经有关部门批准，在主管部门、财政部门和国家资产管理部门的监督指导下开展工作。

（3）清算组对清算期间的行政事业单位财务运行状况负责。

（4）清算组应首先制订清算方案，然后对单位的财产、债权、债务等进行全面清理，编制财产目录和债权、债务清单。

（5）提出财产作价依据和债权、债务处理办法，做好国有资产的移交、接收、划转和管理工作，并妥善处理各项遗留问题。

2. 资产处理

清算结束后，经主管部门审核并报财政部门批准，其资产分别按照下列办法处理：

（1）因隶属关系改变成建制划转的文化事业单位，全部资产无偿移交，并相应划转经费指标。

（2）撤销的：全部资产由主管部门和财政部门核准处理。

（3）合并的：全部资产移交接收单位或者新组建单位，合并后多余的资产由主管部门和财政部门核准处理。

（4）分立的：资产按照有关规定移交分立后的文化事业单位，并相应划转经费。

（5）转为企业管理的：全部资产扣除负债后，转作国家资本金。需要进行资产评估的，按照国家有关规定执行。

第四节　科研事业单位财务管理

我国的市场经济体制逐步完善，科研事业单位的体制改革和经费拨款制度也正在逐步推进，科研事业单位内部财务管理水平的提高，管理思维的转变已是大势所趋、势在必行。因此，逐步提高、加强科研事业单位的财务管理体系的建立，实现管理体制的科学化、规范化，成为适应现代化市场经济体制的必然要求。

一、科研事业单位的经费制度

财务管理向来是在科研事业单位管理中关键的一环，关系到科研工作能否正常进行，主要原因就是科研单位实行的是科研经费制度。

对于科研单位来说，几乎所有的财务活动都与科研经费有关，无论是收入还是支出，无论是资产还是投资，无论是盈利还是亏损，都与国家划拨的各项经费息息相关。因此，经费的管理也就成为科研单位财务管理的重中之重。

【案例93】

2012年2月13日，中科院地球深部重点实验室原主任段振豪站到了被告人席上。这起因发妻揭发"桃色新闻"牵出的科研领域的贪污案件，让科研经费腐败问题再次成为社会关注的热点。

这一案件既令人震惊，也让人深思。震惊，是因为在科研经费的使用过程中，类似的情况比较普遍，但不少科研人员还没有意识到问题的严重性；深思，是因为它一方面提醒我们当前科研经费的使用管理中存在的问题，另一方面又为科研人员如何合理、合法地使用好课题经费，以保证正常的科研活动，并避免"贪污"风险产生警示的效果。

科研经费使用中滋生腐败的现象，原因很多，但最主要的还是管理不善、监督不力造成的。针对这一现象，除了重申科研经费的国有或集体财产的性质，科研人员不得视科研经费为个人所有外，还需要在制度上认可科研工作的特殊性，那就是加强财务部门对经费使用的监督权。

具体的监督权利表现在：

1. 加强财务部门经费管理的参与性

科研经费在使用过程中习惯上都是由课题负责人说了算。这使一些人产生误解，以为经费姓"私"不姓"公"，单位只是代管。基于这种错误认识，单位的财务管理变得"宽松"，而课题负责人对项目经费的使用也变得"自由"。

2. 规范经费申报制度

课题经费可以支出的项目不够开放，出国学术访问或参加国外学术会议的费用、从国外购买图书资料的费用等不能从课题费中支出，促使一些科研人员违规报销课题费。

3. 将部分经费划拨给科研人员

科研人员在工作中的智力和体力付出还未得到足够的重视，他们在项目经费中还不能提取相应的酬劳，让一些人打上了科研经费的主意。一般来讲，科研经费申请成功后，基本上都会用于科研经费实际支出，而实际上没有，如果将其中的一部分作为报酬发放给科研人员会在一定程度上遏制经费被乱用的可能性。

4. 加强审计监督

因为审计监督是财务管理的重要环节，所以，财务管理的加强可以防止资金挪用、滥用等不良现象；加强财务管理可以一定程度上实现财务的公开化，从而促进部门之间的沟通和内部部门财务公开，这样有效地防止了利益部门化想象的出现。

二、科研事业单位预算管理

在实际管理中，不少科研事业单位却存在预算管理不全、内部控制缺失、会计核算落后等一系列问题。这与财务管理的目标不明确，任务不清晰有极大的关系。

当对财务费用的管理存在认识上的不足时，就很难做到最好。财务部作为科研单位的主要部门，其任务是明确的。最基本的有以下四个：

（1）合理编制单位预算，严格预算执行，完整、准确编制单位决算，真实反映单位财务状况；依法组织收入，努力节约支出，规范科研项目资金管理。

（2）建立健全财务制度，加强经济核算，实施绩效评价，提高资金使用效益；加强资产管理，合理配置和有效利用资产，防止资产流失。

（3）加强对单位经济活动的财务控制和监督，防范财务风险。

（4）科研事业单位的一切财务活动在单位负责人的领导下，由单位财务部门统一管理。

编制单位预算是财务管理的首要任务，那么什么是财务预算呢？这个在前面多次提到，概念、管理办法基本相似，在这里就不再赘述。重点谈一下科研单位预算管理的特色之处。

科研事业单位在单位负责人主持下，由财务部门会同其他有关业务部门，参考以前年度预算执行情况，根据预算年度收入增减因素和措施以及以前年度结转和结余情况，测算编制收入预算；根据事业发展需要与财力可能、发展目标和计划以及预算编制的规定，测算编制支出预算。

结合单位的提出预算建议数，经财务主管部门审核汇总报财政部门（一级预算单位直接报财政部门，下同）。单位根据财政部门下达的预算控制数编制单位预算由财务主管部门审核汇总报财政部门，经法定程序审核批复后执行。

同时，单位应当严格执行批复的预算。预算执行中，国家对财政补助收入和财政专户管理资金的预算一般不予调整。当上级下达的事业发展计划有较大调整，或者根据国家有关政策增加或者减少支出，对预算执行影响较大时，应当报财务主管部门审核后报财政部门调整预算（见图5－9）。

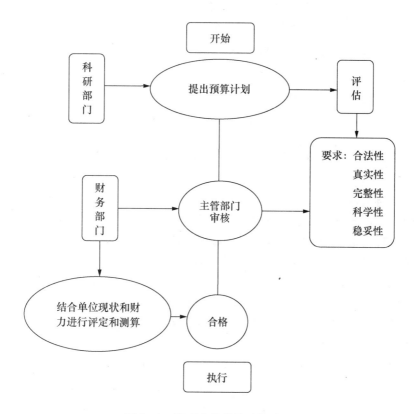

图5－9　科研事业单位预算编制

财政补助收入和财政专户管理资金以外部分的预算需要调增或者调减的，由单位自行调整并报财务主管部门和财政部门备案。

预算编制坚持以收定支、收支平衡、统筹兼顾、保证重点的原则，不得编制赤字预算。

三、科研事业单位的收支管理

1. 收入管理

收入是指科研事业单位开展科研项目及其他活动依法取得的非偿还性资金，包括财政补助收入、事业收入、上级补助收入、附属单位上缴收入、经营收入和其他收入等（见表5-9）。

表5-9　科研事业单位收入分类及内容

财政补助收入	从同级财政部门取得的各类财政拨款
事业收入	开展专业业务活动，及其辅助活动取得，或从财政专户所获得拨款的收入。其中：按照国家有关规定应当上缴国库或者财政专户的资金，不计入
上级补助收入	从财务主管部门和上级单位取得的非财政补助收入
附属单位上缴收入	附属独立核算的单位按照有关规定上缴的收入
经营收入	开展非独立核算经营活动取得的收入
其他收入	上述规定范围以外的各项收入，包括投资收益利息收入、捐赠收入等

在所有的收入中，事业收入是科研单位的主要来源，可占到总收入的50%以上。这不仅是事业收入所包含的类型比较广，更重要的是，这基本上是单位开展日常活动必需的项目。如技术交流、科普知识推广等。

值得注意的是，单位在开展经营收入时，也就是非独立核算的收入，应当正确归集实际发生的各项费用，不能归集的，按照规定的比例合理分摊。

表5-10　科研事业单位收入列表

科研收入	承担科研项目取得的收入
技术收入	对外提供技术咨询、技术服务中所取得的收入
学术活动收入	开展学术交流、学术期刊出版等活动取得的收入
科普活动收入	开展科学知识宣传、讲座和科技展览等活动取得的收入
试制产品收入	从事中间试验产品的试制取得的收入
教学活动收入	开展教学及其辅助活动取得的收入

注：以上各项收入不包括按照部门预算隶属关系从同级财政部门取得的财政拨款。

科研事业单位收入管理的要求：

（1）应当遵守国家政策规定，保证各项收入的来源合法。

（2）定期将各项收入纳入单位预算，并统一核算、统一管理。

（3）严格执行国家规定的收费范围和标准，需要调整收费范围和标准的要按照程序报经有关部门批准方可。

（4）所有的收入，都应当按照规定开具财政、税务部门印制的票据。

2. 支出管理

支出是指科研事业单位在开展科研项目，及其他活动过程中发生的资产、资金耗费和损失。与收入基本相对应，一般包括事业支出、上缴上级支出、对附属单位补助支出、经营支出和其他支出（见表5-11）。

表5-11 科研事业单位支出分类及内容

事业支出	开展专业业务活动，及其辅助活动发生的支出，包括基本支出和项目支出两部分，前者是为了保障其正常运转、完成日常工作任务而发生的人员支出和公用支出。后者是单位为了完成特定工作、任务和事业发展目标，在基本支出之外所发生的支出
上缴上级支出	按照财政部门和财务主管部门的规定上缴上级单位的支出
对附属单位补助支出	用财政补助收入之外的收入对附属单位补助发生的支出
经营支出	在专业业务活动及其辅助活动之外开展非独立核算经营活动发生的支出
其他支出	除上述规定范围以外的各项支出，包括利息支出、捐赠支出等

科研事业单位支出管理的要求：

（1）各项支出全部纳入单位预算，保证经营支出应当与经营收入配比。

（2）严格按照国家有关财务管理规章制度所规定的开支范围及开支标准执行。

（3）对于有违反规定、违反法律和国家政策的，主管部门（或举办单位）和财政部门应当责令改正。

（4）同时对申请部门和人进行严格的监督，科研单位支出的费用，是财政部门或主管部门（或举办单位）在使用部分提出正式申请后，下发的、有指定用途的项目资金。

（5）财政部门、主管部门必须按照要求定期向（或举办单位）索取项目资金使用情况；项目完成后应索取项目资金支出决算和使用效果的书面报告，并对申请部门或个人进行检查验收。

3. 结转和结余

结转资金、结余资金，是指科研事业单位年度收入与支出相抵后的剩余的那部分资金。

结转，是指当年预算已执行但未完成，或因各种原因未执行，需要在下一年度需按照原用途继续使用的资金。而结余资金，是指当年预算工作目标已完成，或者因故终止，当年剩余的资金。

其记账方式与其他行政事业单位相同，不同的是在明细科目上的设置，明细科目的设置没有硬性规定，要根据单位资金的具体情况而设置。如使用非财政科研、教学项目收入累计所发生的支出。本科目应设置"科研项目结转（余）"、"教学项目结转（余）"两个明细科目，进行具体的项目明细核算。

（1）期末，结转本期科教项目收入，借记"科教项目收入"科目，贷记本科目。

（2）期末，结转本期科教项目支出，借记本科目，贷记"科教项目支出"科目。

（3）科教项目结项后如有结余资金并解除限定可以转入事业基金的，按照结转金额，借记本科目，贷记"事业基金"科目。

本科目期末贷方余额，反映留待下期按原用途继续使用的非财政科研、教学项目结转资金数额以及尚未解除限定的非财政科研、教学项目结余资金数额。

在处理结余和结转资金时，要注意区分款项的来源，财政拨款结转和结余，应当按照同级财政部门的规定执行。非财政拨款结余可以按照国家有关规定提取职工福利基金，剩余部分作为事业基金，用于弥补单位以后年度收支差额；国家另有规定的，从其规定。经营收支结转和结余应当单独反映。

四、科研事业单位专用基金管理

科研事业单位按照规定，提取或者设置的具有专门用途的资金，称为专用基金。一般包括三大板块：

（1）职工福利基金，即按照非财政拨款结余的一定比例提取以及按照其他规定提取转入，用于单位职工的集体福利设施、集体福利待遇等的资金。

（2）科技成果转化基金，即单位从事业收入中提取，在事业支出的相关科目中列支，以及在经营收支结余中提取转入，用于科技成果转化的资金。（事业收入和经营收支结余较少的，单位可以不提取）

（3）其他基金，按照其他有关规定提取或者设置的专用资金。

按规定，各项基金的提取比例和管理办法，应按照国家的统一规定的，统一执行；没有统一规定的，由财务主管部门会同同级财政部门确定。

专用基金的管理应当遵循先提后用、收支平衡、专款专用的原则，支出不得超出基金规模。

五、科研事业单位资产管理

资产是指科研事业单位占有或者使用的，能以货币计量的经济资源总称，如各种财产、债权和其他权利。包括与科学研究等活动有关的流动资产、固定资产、无形资产和对外投资。

单位应当按照国家有关规定，建立健全科学仪器设备等资产的共享使用制度，提高资产使用效率。那么如何高效使用这些资产呢？具体如下：

1. 流动资产的管理

科研事业单位流动资产是指可以在一年或者越过一年的一个营业周期内变现或者运用的资产，是企业资产中必不可少的组成部分。加强对流动资产业务的审计，有利于确定流动资产业务的合法性、合规性，有利于检查流动资产业务账务处理的正确性，揭露其存在的弊端，提高流动资产的使用效益。

在对流动资产的管理上，首先应建立健全现金及各种存款的内部管理制度；对应收及预付款项及时清理；对存货进行定期或者不定期清查盘点，保证账实相符。对存货盘盈、盘亏应当及时处理。

2. 固定资产的管理

固定资产一般分为六类：房屋及构筑物；专用设备；通用设备；文物和陈列品；图书、档案；家具、用具、装具及动植物。

科研事业单位对固定资产的管理，应当指定专门机构或者专人对固定资产进行管理，年度终了前应当进行全面清查盘点，做到账账、账卡、账实相符。对于固定资产的盘盈、盘亏应当按照规定及时进行处理。

采用平均年限法或者工作量法计提折旧，折旧不计入单位支出。文物、陈列品、图书、档案和动植物不计提折旧。

3. 无形资产的管理

无形资产是指不具有实物形态而能为使用者提供某种权利的资产。具体到科研事业单位，包括专利权、商标权、著作权、土地使用权、非专利技术以及其他财产权利。

科研事业单位对于无形资产应当按照国家有关规定合理计价，及时入账；如需要转让，应当按照规定进行资产评估，取得的收入按照国家有关规定处理。单位取得无形资产发生的支出，计入事业支出。

采用平均年限法进行摊销。对于使用期限不确定的无形资产，摊销办法执行国家有关规定。无形资产摊销不计入单位支出。

4. 对外投资的管理

对外投资是指科研事业单位依法利用货币资金、实物、无形资产等方式向其他单位的投资。这对优化科研单位的资产结构，加快科研成果的转化，促进科研事业更快、更好地发展具有很大的促进作用。

通常来讲，科研事业单位对外投资包括五类：

（1）用非经营性资产作为注册资金，在工商部门领取营业执照，兴办具有法人资格的经济实体。

（2）用非经营性资产投资入股、合资、合作、联营兴办的企业。

（3）用非经营性资产作为注册资金，在工商部门领取营业执照，兴办不具有法人资格的附属营业单位。

（4）用非经营性资产购买政府债券。

（5）用非经营性资产进行经国有资产管理部门认可的其他投资。

财会部门在对外资金的管理上起着重要的作用，必须严格控制对外投资，保证单位正常运转和事业发展，并在此前提下，按照国家有关规定对可以对外投资的，履行相关审批程序（见图5-10）。

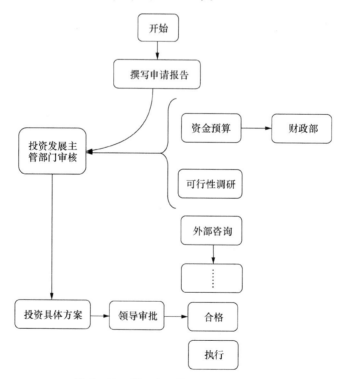

图5-10　科研事业单位对外投资流程

需要注意的是，不得使用财政拨款及其结余进行对外投资，不得从事股票、期货、基金、企业债券等投资，国家另有规定的除外。

以非货币性资产对外投资的，应当按照国家有关规定进行资产评估，合理确定资产价值。

单位出租、出借资产，应当按照国家有关规定经财务主管部门审核同意后报同级财政部门审批。

如果需要处置一些资产，应当遵循公开、公平、公正和竞争、择优的原则，严格履行相关审批程序。

六、负债管理

负债，是指科研事业单位所承担的能以货币计量，需要以资产或者劳务偿还的债务。

表 5 - 12　科研事业单位负债分类及内容

借入款项	开展各项活动向银行等金融机构借入的款项
合同预收款项	与国家有关部门及其他单位签订研究和试制合同以及其他经济合同后，按照合同规定预收的款项。包括政府专项合同款项、委托合同款项及其他合同款项等
应付款项	按照规定和要求，应付而暂时未付的各种款项
暂存款项	从其他单位或者个人收到的、代为保管或者暂时尚未确定性质的款项
应缴款项	按照规定应当上缴国库或者财政专户的资金、应缴税费以及其他按照国家有关规定应当上缴的款项

科研事业单位应当对不同性质和不同期限的负债进行分类管理。对借入款项应当按时清偿；对合同预收款项在合同完成或者阶段性完成后及时结转为收入；对应付款项，应当按时清付；对各项应缴税费应当依照国家法律制度计缴。

科研事业单位应当建立健全财务风险控制机制，规范和加强借入款项管理，严格执行审批程序，不得违反规定举借债务和提供担保。

内部成本费用，是指单位为完成专业业务活动，及其他活动而发生的耗费和损失。这项费用通常由三部分组成：科研项目成本、非科研项目成本和期间费用。

1. 科研项目成本

科研事业单位为完成科研项目而发生的资产耗费和损失，包括直接成本和间接成本。

直接成本，即在实施科研项目过程中发生的、可以直接计入核算对象的那部分费用，比如，材料费用、人工费用及其他直接产生的费用。

间接成本，即在实施科研项目过程中发生的、无法直接计入核算对象，需要按照一定原则和标准分配计入的各项费用。

需要注意的是，涉及以下几项费用的不应计入科研项目成本：

（1）为购置和建造固定资产、无形资产和其他资产的支出。

（2）上缴上级的支出和对附属单位的补助支出。

（3）对外投资的支出。

（4）各种罚款、赞助和捐赠支出。

国家规定不得列入科研项目成本的其他支出。

2. 非科研项目成本

科研事业单位为完成非科研项目活动而发生的资产耗费和损失。

3. 期间费用

科研事业单位管理部门为组织管理科研、非科研项目活动，以及其他活动而发生的资产耗费和损失。

科研事业单位在实施内部成本费用管理时，一定要合理区分科研项目成本、非科研项目成本和期间费用，真实、完整反映科研项目成本。

按规定，凡是具备条件的科研事业单位，都应当以"科研项目"为基本核算对象设立独立的财务核算，并按照财务主管部门和财政部的要求，业务发展需要，实施内部成本费用管理。建立成本费用与相关支出的核对机制，以及成本费用分析报告制度。在费用支出的管理基础上，将效益仅与本会计年度相关的支出计入当期成本费用；将效益与两个或者两个以上会计年度相关的支出，按照有关规定以固定资产折旧、无形资产摊销等形式分期计入成本费用。

七、财务清算和监督

1. 财务清算

财务清算，是科研事业单位在划转、撤销、合并、分立时，涉及的一系列财务活动。按照国家相关规定，行政事业单位在财务清算期间，财务主管部门和财政部门都应该进行监督指导。科研单位同样，划转、撤销、合并、分立等行为，必须做好财务清算工作。

进行财务清算，首先就是要成立一个财务清算机构。在专业性机构的统一管理下，制订清算方案，编制财产目录和债权债务清单。同时，还要提出财产作价依据和债权债务处理意见，做好资产的移交、接收、划转和处理工作。

财务清算意见，报经财务主管部门审核，获得批准后由财务清算机构妥善处理单位各项遗留问题。

清算结束后，还需要做好相应变更的后续工作，具体的工作包括：

（1）成建制划转的单位，全部资产无偿移交，并划转经费指标。

（2）转为企业单位，其全部资产扣除负债后转作国家资本金需要进行资产评估的，应当按照国家有关规定执行。

（3）撤销的单位，全部资产由财务主管部门和财政部门核准处理。

（4）合并的单位，全部资产移交接收单位或者新组建单位，合并后多余的资产由财务主管部门和财政部门核准处理。

（5）分立的单位，资产按照有关规定移交分立后的单位，并相应划转经费指标。

2. 财务监督

科研事业单位应当建立健全内部控制制度、经济责任制度、财务信息披露制度等监督制度，依法公开财务信息，依法接受财务主管部门和财政、审计部门的监督。

财务监督的主要内容包括六项内容：

（1）预算编制、财务报告的科学性、真实性、完整性和预算执行的有效性、均衡性。

（2）各项收入、支出的合法性、合规性。

（3）科研项目资金的管理、使用情况和内部成本费用核算的合规性。

（4）结转和结余资金、专用基金分配使用的合规性。

（5）资产管理的规范性和有效性。

（6）负债的合规性和风险性。

财务监督一般实行的是事前监督、事中监督、事后监督相结合，日常监督与专项监督相结合的制度。

图书在版编目（CIP）数据

最新行政事业会计一本通/魏艳编著 . —北京：经济管理出版社，2015.6
ISBN 978 - 7 - 5096 - 3804 - 0

Ⅰ.①最…　Ⅱ.①魏…　Ⅲ.①行政事业单位—单位预算会计—中国　Ⅳ.①F812.2

中国版本图书馆 CIP 数据核字（2015）第 121772 号

组稿编辑：何　蒂
责任编辑：杜　菲
责任印制：黄章平

出版发行：经济管理出版社
　　　　　（北京市海淀区北蜂窝 8 号中雅大厦 A 座 11 层 100038）
网　　　址：www. E - mp. com. cn
电　　　话：（010）51915602
印　　　刷：北京银祥印刷厂
经　　　销：新华书店
开　　　本：720mm×1000mm/16
印　　　张：16
字　　　数：306 千字
版　　　次：2015 年 10 月第 1 版　　2015 年 10 月第 1 次印刷
书　　　号：ISBN 978 - 7 - 5096 - 3804 - 0
定　　　价：45.00 元